知的生きかた文庫

世界の大富豪2000人に学んだ
幸せに成功する方法

トニー野中

三笠書房

プロローグ

書店にはさまざまな自己啓発本や成功法則の本が並び、数々の自己啓発セミナーも開催されています。

しかし、残念なことに、ほとんどの人が成功できずにいます。

なぜでしょうか？

その一方、一生ラクに暮らしていけるだけの富を手に入れ、名実ともに「成功者」となったはずなのに、時間的な自由がない人や家族との確執を抱えている人など、不幸な人生を歩んでいる人もいます。

なぜでしょうか？

それは、世の中で一般化されている成功法則が、成功者がさらに成功するための内容であって、普通の人が成功できるための内容になっていないからなのです。

だからこそ、お金持ちや、テレビや映画で活躍する有名人と呼ばれる「成功者」が、必ずしも**幸せな成功者（私はこれを成幸者と呼んでいます）**になっていないことがあるのです。

私が社会人となって間もない新入りの頃、若輩ながら無謀にも語学研修を名目に1カ月以上の休暇を取り、オーストラリアを一周する放浪の旅をしたことがあります。

その道中で、数々の良い出会いや経験をしました。それは、地元の富裕層の自宅に泊めてもらったり、シドニーに長期滞在している日本人ビジネスパーソン（成功者）に食事をご馳走してもらったりなど、日本では経験できない出来事でした。

その後、ジェットエンジンの5カ国共同開発プロジェクトのメンバーとして通産省（現在の経済産業省）に出向すると、イギリス・ロールスロイス社に駐在させていただいたおかげで、航空機を所有する大富豪たちとお会いすることもできたのです。

企業経営者となってからも、**成功者との出会いはたくさんありました。**

たとえば、富裕層のみを相手にビジネスをするジェット機のリース会社の社長と知り合ったおかげで、**世界中の富裕層を紹介**していただきました。

そのほかにも、ジェットエンジンの開発技術者からスポーツ用品業界に転職し、アメリカ本土にて、数々の大手スポーツ用品メーカーのゴルフクラブ開発に従事した際は、タイガー・ウッズをはじめ、グレッグ・ノーマン、フレッド・カプルス、ジョン・デーリーなど、**多くの世界トッププロたちのクラブ開発に携わる**ことができました。

それもあって、新しいクラブが完成した際の試打に立ち会い、彼らと同じ時間を過ごす機会にも恵まれ、トッププロのもとに集まってくる富裕層の人たちとも、食事をしたり、ゴルフ談義をしたりするチャンスがたびたびありました。

その後、私はサラリーマン生活にピリオドを打ち、IT企業および金融投資会社を立ち上げて経営者の道を志しました。そこでも、**IT業界の大物経営者や金**

融業界の大物といった素晴らしい人脈との出会いに恵まれました。

また、フェラーリを購入した縁でスーパーカーのオーナークラブなどにも通じたことで、それまでにも増して、あらゆる富裕層の人たちとお会いすることができました。**その人数はざっと見積もっても、2000人以上**です。

しかも、現在の世界の金融業の仕組みを作ったとされるロスチャイルドを筆頭に、**経済的な余裕と、時間、健康、人脈のすべてを持ち合わせた幸せな成功者（成幸者）ばかり**です。

このような成幸者と出会えば出会うほど、「普通とは違う……」と、不思議な違和感を覚えることが増え、いつしかその違和感の正体が何なのか興味本位で調べてみるようになりました。

きっと彼らには何か共通点や秘密の習慣があるに違いないと……。

その頃から大富豪に会うたびに、私の思考は分析モードへとスイッチが切り替わりました。

その結果、彼らは普通の人とはまったく違う思考と行動を習慣化していて、不思議と皆、同じモノの見方と習慣を持っているようだということがわかってきました。

そう、**まるで同じビジネススクールに通い、同じメンタルトレーニングを受けたかのように、同じ習慣なのです。**もちろん、そんなスクールがあるはずもありません。皆が無意識のうちに（というより潜在意識を使って）あらゆるものや情報の本質を見抜くスキルを身に付けていたのです。

ここまで書くと、「やはり成幸するためには特別な能力が必要なのか？」と思われるかもしれませんが、これらのスキルを得られるために必要な習慣は、**意外にも誰でもできることばかり**なのです。決して難易度が高いわけではなく、普通の人でもちょっと意識を変えて、モノの見方を変えるようにすれば身に付くものばかりだったのです。

本書では、多くの成幸者との出会いによって経験したエピソードを交えて、**彼**

らが人知れず実践している習慣を紹介していきます。また、彼らとの出会いによって学び、刺激を受け、その習慣を身に付けたおかげで、ごく普通の一般人であった私が複数の会社経営者となれた事実を踏まえて、普通の人でも幸せな成功者になれる方法をわかりやすくお伝えしたいと思います。

つまり、成功者がますます成功するためのノウハウではなく、**普通の人が成功者になるため、いや、さらに高みの「成幸者」へと導くノウハウ**をご紹介したいと思ったのです。

考え方が変われば意識が変わる。

意識が変われば行動ができる。

行動ができれば新しい何かがそこに生まれる。

「好きなことを、好きなときに、好きなだけできる自由」を、1日も早くあなたも手に入れてください。

トニー野中

第1章

「成功」する人と「成幸」する人

第2章

幸せな成功者が持つ4つの自由

第3章

成幸者の言葉に学ぶ お金に愛される人の習慣

第4章 成幸者の言葉に学ぶ 時間に束縛されない自由な習慣

第5章

成幸者の言葉に学ぶ 健康で長生きができる習慣

第6章

成幸者の言葉に学ぶ 人脈に恵まれる人の習慣

第7章

成幸者の言葉に学ぶ ビジネスがうまくいく習慣

第8章

成幸者の言葉に学ぶ 幸せを引き寄せる人の習慣

第9章

成幸者が今、密かに行なっていること

第1章 「成功」する人と「成幸」する人

Key Word

私が見てきた不幸な成功者

一般的に成功者というと、大富豪などと呼ばれる富裕層の人たちを思い浮かべます。現代の資本主義社会の中で育ってきた私たちにとっては、やはりお金持ちになることが成功の大きな証《あかし》となるのでしょう。

大きな家に住み、高級車に乗り、派手な洋服に身を包む。そして、周囲からは憧れの眼差しを受けて、一目置かれる特別な存在となる。それが目指すべき成功者の理想像なのかもしれません。

たった1度しかない人生、願わくば、失敗の人生より成功の人生を送りたい、と思うのはごく自然なことでしょう。人間の寿命など、せいぜい90年、言い方を換えれば消費期限が90年なのです。これを長いと思うか短いと思うかは、人それぞれでしょう。90年の人生を歩んだとしても、満開の桜を見て「ああ、きれいだな」と日本の春を堪能できる機会は90回にも満たないのです。

「ついこの間、新年の挨拶をしたばかりだと思っていたら、もうクリスマスソングが流れる季節なのか？」

などと驚くのも、よくあることです。

こう考えると、人生なんてそれほど長いものではないと思いませんか？

この1度きりの人生を、できるものならエキサイティングに、ときには穏やかに、そして幸せに暮らしたい。それは誰しもが抱く願いだと思います。

その願いを叶えるために、大勢の人が多くのビジネス書や自己啓発書を読み、事業を起こしてアントレプレナー（起業家）にチャレンジしたり、高額なセミナーに参加したりして、成功するための方法を学びます。

中には、一獲千金を夢見て、宝くじや競輪、競馬などのギャンブルに人生を賭《か》ける人もいるでしょう。

でも、本当にお金持ちにさえなれれば、幸せな人生は約束されるのでしょうか？

いいえ、そんなことは絶対にあり得ません。

その証拠に、私が出会った富裕層の人の中には、不幸せな人もいました。お金はあるけれども、どう見ても幸せそうではない人たちです。

ビジネスの成功を優先するがあまり、まわりについてこられる腹心が1人もおらず、そのうえ離婚して子どもたちとも離れてしまい家族が離散状態になった人。昼夜を問わず、がむしゃらに働いて億単位のお金を稼いだものの、身体を壊し、3年以上も入院することになってしまい、その蓄えをすべて入院治療費に使ってしまった人などもいました。

そのほか、アイドルとして若いうちに成功を収めた人が、その後実業家となって出版した著書がベストセラーとなり、それが映画化されるなど、誰が見ても順《じゅん》風満帆《ぷうまんぱん》と思える人生を送っていたのに、最後に病気で亡くなったときには、人知れず死後1週間も放置されていたというケースもあったと記憶しています。

有名なところでは、2005年に日本公開された映画『アビエイター』でおなじみのハワード・ヒューズ氏も、必ずしも幸せな成功者ではなかったのではないでしょうか。

彼は20世紀を代表する億万長者として広く世に知られ、「地球上の富の半分を持つ男」とまで評された人物ですが、その人生は波瀾万丈《はらんばんじょう》でした。

父親遺伝の難聴が生まれながらにあり、母親の異常なまでの潔癖症などもあいまって、晩年まで強迫性障害と思われる行動を繰り返し、その症状に悩まされていました。

3度の結婚を経験して、コデイン（麻薬）中毒による深刻な精神衰弱に陥りました。晩年は孤独そのもので、70歳で亡くなったときにはあまりにも痩せ細ったその容貌から、ヒューズ本人との判定が難しく、ＦＢＩによる指紋照合が行なわれたほどでした。

お金持ちが必ずしも幸せではない。そう強く思い知らされるエピソードの1つでしょう。

Key Word

「成幸」できるのは3％だけという現実

成功者と呼ばれる人は、この世の中にどのくらいいるかご存じですか。

すべての会社には、3％の優秀な社員、10％の有能な社員、60％の普通の社員、そして、27％のダメ社員がいると言われます。これが**「3・10・60・27の法則」**というものです。

そして、驚くことにこれはあらゆるシーンに置き換えても不変の比率で、アリの世界で実験したところ、熱心に働く優秀なアリや、サボってばかりいるアリなどの比率が見事に当てはまったということが明らかになりました。

さらに興味深いことは、サボっている27％のアリを取り除くと、残ったアリの中から新たに27％のサボるアリが現れるということ。

これは人間の世界でも同じで、会社がダメ社員をクビにすると、不思議とまた新たにダメ社員が生まれてしまうのだそうです。

この不思議な「3・10・60・27の法則」は、世界の成功者たちにもぴたりと当てはまります。

3％の幸せな成功者（成幸者）、10％の成功者、60％の一般庶民、27％の貧乏かつ不幸せな人に分かれるのです。

余談ですが、飛行機におけるファーストクラスの比率は、3％（全300席の場合、ファーストクラスは9席が一般的）に設定されているようです。

この数字の一致を、ただの偶然と片付けてしまえるのかどうかは、皆さんのご判断にお任せいたします。

Key Word

2000人の成功者に会ってわかったこと

私が幸運にもお会いできた2000人の成功者の中には、裕福で心のエネルギーが高い幸せな成功者（成幸者）だけでなく、不幸な成功者もいました。

この違いは、紙一重であり、それを一言で表現すると**「自由になるもののバランスが取れているか、そうでないかの違い」**となります。

不幸な成功者とは、たとえば、お金の自由はあるが、それを使う時間がないほど仕事に追われていたり、身体に問題を抱えて健康ではなかったり、孤独で家族も友人もいなかったりという人たちです。

それに比べて、**幸せな成功者（成幸者）は、それほど莫大な資産があるわけではありませんが、すべてのバランスが良く、自由になる時間があり、アクティブ**

に動き回れる健康な身体と、質の高い友人がいます。

また、この成幸者と呼ぶにふさわしい人たちは、ほとんどが無名で、表舞台で活躍するような人たちではありません。普通の人たちが知らない場所で人生を謳歌しているのです。

彼らは仲間たちとこんな会話を交わします。

「今日の夕飯、一緒にどうだい？」

「いいね。じゃあ上海ガニが美味い季節だし、上海にでも行かないか？」

「ＯＫ。それじゃあまた後で」

このような短い会話で取り決めると、平然と夕飯を食べに海外へ足を運びます。

お金と時間があることを活かして旅行を楽しむ人もいます。

しかし彼らは、価値のあるものへの出費は惜しみませんが、そうでないものには決して無駄遣いをしません。

普段の生活でも必要以上の贅沢はほとんどせず、周囲の人間に対して威張った態度も見せません。一見すると、ごく普通で穏やかな印象の方たちばかりです。

Key Word

一般に「成功者」とされる人は、「真の成功者」ではなかった

私がお会いした成功者の中には、大富豪を紹介するテレビ番組にたびたび登場する方や、著名な成功者として自己啓発書を執筆する方などもいます。そういう方々に共通して言えることは、本当に幸せだと思える方がいないことです。

人もうらやむような大豪邸に住み、とても幸せそうに見えますが、そんな方に限って、大きな問題を抱えていることがよくあります。夫婦仲が険悪であったり、健康上の問題があったり、遺産相続問題で泥沼化していたりと。

また、まわりから見てそのオーラを感じられるかどうかは別として、「自分は成功者だ」とうたう作家も同じです。裕福そうに見えて、その陰では莫大な借金に頭を抱え、開き直って生きるしかないというような方もいました。

経済的に裕福であることが真の成功者だと信じて、お金を得ることだけにすべての意識を集中している人が多くいますが、そういう人に限って、人間関係や健康に支障をきたしていることが多々あります。

残念ながら、このような方たちは、時間や健康といった自由になるもののバランスが非常に悪く、とても真の成功者とは言えないでしょう。

Key Word

幸せな人生に道具を追い求めているようでは成幸者になれない

ここまでの内容から、富、地位、名誉を得た成功者であっても、必ずしも幸せであるとは言えないことを理解していただけたと思います。なぜなら、**富や地位や名誉というのは、決してゴール（最終目標の達成）にはなり得ないからです。**

しょせん、何かを達成するための道具（手段）に過ぎません。

料理の世界でたとえると、シェフが人間国宝作の包丁を手に入れることだけを目標として努力するでしょうか？　おそらく、そんなことはないと思います。

きっと、ミシュラン公認の３つ星レストランのオーナーシェフになりたいとか、世界に認められる料理を作りたいとか、味にうるさい料理評論家をうならせてみたいなど、その道具を使って何かを達成しようとするはずです。

「人生の目標は1億円貯めること」とか「勤めている会社の社長になること」などが目標だという人は、〝道具〟を最終ゴールにしているわけですから、いざその目標を達成してみると、その「1億円」や「社長のポジション」を有効活用する方法が見出せず、空虚感に苛《さいな》まれてしまいます。

気が付けば、まわりには、お金目当ての人や権力にすがりたい人など、あなたをただの道具としてしか見ていない悪質な人間たちばかりが群がっていることでしょう。これでは幸せな成功者（成幸者）になることは、ほぼ不可能なことは誰の目にも明らかでしょう。

Key Word

成幸者は「あるステップ」を踏んだ人だけがなれる

では、一般の人が成幸者になるためにはどうしたらいいのでしょうか？

今あるほとんどの成功本には**「明確な夢や目標を持ち、それらのことを強く思い、行動し続ける」**と書かれています。私もまったくの同感です。その言葉には何の問題もなく、誤りはないと思います。ただし、付け加えなければいけないことは、**「それだけ」では成幸者にはなれない**ということです。

この後の章で、実際に成幸している人たちの習慣について詳しく紹介しますが、まずは「考え方」を変える必要があります。

どういうことかというと、思考のパターンを成幸できないパターンから成幸できるパターンに変えるということです。具体的に説明するとこのようになります。

「幸福感を味わう」→「行動する」→「習慣化する」→「成功する」→「富を得る」。

この順序で思考を常に繰り返していかなければいけません。しかし、成功できない人や、成功しても不幸になる人の大半はこの順序を間違えています。

彼らの思考パターンは次の通りになっています。

「富を得る」→「行動する」→「成功する」→「幸福感を味わう」。

まず成幸できない人の行動パターンは、一生懸命働くかお金を貯めることから始まります。その後、貯金をもとに新規事業や投資を行ない、成功すれば、結果的に幸福感が得られると考えます。この場合だと、お金に執着するあまり最初から多くの敵を作り、周囲の人間、家族やビジネスパートナーを犠牲にしてしまいます。

こうなると、運良くある程度のお金を得られたとしても、行動するフェーズではなかなかサポートしてくれる人が現れないうえに習慣化もできません。それでも、運良くさらに富を得て成功したとしても、幸福感を味わうことができません。

つまり、不成幸のパターンに陥ってしまいます。

一方、成幸する人のパターンは、まず幸せを味わうことから始まります。

「成功もしていないのに幸せなんか感じられるわけがない」と、首をかしげる人がほとんどでしょうが、この幸福感を味わう対象とは身の回りのささいなことでいいのです。

朝起きると、ドアポストに朝刊が届けられている。

家に帰ると妻が食事を作り待っていてくれる。

ふとしたときに夫が優しく接してくれる。

子どもが楽しそうに学校へ通っている。

まわりを見渡せば、幸せはいくらでも転がっているはずです。

この小さな幸福感こそが心のパワーとなり、自信へと変わり、ポジティブな行動を生み出すことにつながります。

そうなると、成功する確率は格段に上がり、そのまま順調に成功への階段をのぼって富を得ることになれば、まわりにいる人たちのサポートに感謝の心を持ち、自分は幸せ者だと感じることでしょう。

こうして、最初の幸福感を得るフェーズに戻り、結果的に富を得ることにつながった後もまた同じサイクルで成幸パターンが繰り返され、ますます成幸への道に導かれていくのです。

Key Word

大富豪ロスチャイルドから学んだ「成幸」

18世紀の終わりから19世紀にかけて、ヨーロッパの国々を中心に莫大な資産を築き上げ、３００年にわたり今でも世界の金融業界に大きな影響を及ぼしている**ロスチャイルド家**。

現在では、世界の中央銀行を支配する傍らで、金融業界はもちろん、通信、石油、重金属工業、食品業界と世界のトップ企業をも所有する一族です。

そんな権力者となぜ大富豪でもない私がお会いすることができたのか、不思議に思われるでしょう。その経緯をご説明します。

皆さんは「引き寄せの法則」をご存じでしょうか？

2006年アメリカを筆頭に全世界52カ国語に翻訳出版され、世界で2000万部売れたと言われる話題の自己啓発本『ザ・シークレット』（ロンダ・バーン著　山川紘矢、山川亜希子、佐野美代子訳、KADOKAWA）という本があります。

著者のロンダ・バーンは、欲しいものをイメージして、なおかつ、ほぼそれのみを考え続けることができれば、その欲しいものを手に入れることができると述べています。

この書で言う「秘密」とは、ユダヤ教、キリスト教、イスラム教、仏教、ヒンドゥー教のほか、バビロニア人やエジプト人の文明、そして錬金術でも伝えられているまさに夢のような法則です。古来の文人や芸術家はこの極意を学び、その作品を通じて「引き寄せの法則」の効力を表現してきたとされています。

この「引き寄せの法則」は私も過去に試しています。そして会社を辞めて失業し、借金ばかりで貯金がない中で会社を立ち上げたにもかかわらず、1年以内に新車のフェラーリを購入するなど、数々の引き寄せ体験をしました。

ロスチャイルドとの出会いもまた、その法則を使って引き寄せた1つでした。

私は多種多様な経営者セミナーや交流会に出席する機会に恵まれていて、あらゆる業種の方々とお話しさせていただきました。そんな中、8月の暑い日、ある経営者セミナーにて「ロスチャイルド」という名前を耳にしました。

講師は日本経済人懇話会会長の神谷《かみや》光徳《みつのり》氏でした。経済界の人脈と政界の人脈を併せ持つ、まさに人脈の神様です。

そんな彼の口から最初に出たのは、**「世の中はリーマン・ショックで大変なことになっていますが、世界の金融界を陰で牛耳っている人物をご存じですか？」**という質問でした。そのすぐ後に、神谷氏の口から出た名前こそ**「ロスチャイル**

ド」その人だったのです。

「ロスチャイルド……、一体どんな人物だろう？」

その名前に私は強い興味を持ち、すぐさまインターネットで調べました。そこで知ったことは「すごい人物」であること、あまりにもすごい人物であるため、写真も非公開になっていました。

「ネットでも、その姿を見ることができない人物……。ぜひ会ってみたい！」

咄嗟《とっさ》にそんな衝動に駆られました。

その後、『ザ・シークレット』の日本語翻訳者である佐野美代子氏の〝引き寄せセミナー〟に参加したことで、ますます彼に会いたいという思いが募りました。

そんなとき、たまたまビジネスセミナーで隣り合わせた顔見知りの経営者からこんな誘いを受けたのです。

「今度、ロスチャイルドが来日して、一緒にゴルフをしようという話が持ち上がっているけど、一緒にどう？」

彼は霊園事業を営む、この世界では誰もが認める素晴らしい社長です。フェラーリどころかジェットヘリまでも所有し、ランチには都内から北海道の小樽までジェットヘリでお寿司を食べに行ってしまうような、まさに正真正銘の成功者です。そんな彼からの思いも寄らぬ誘いに、私はゴルフをする場所も日時も尋ねることなく叫んでいました。

「行きます！　行かせてください！」

まさにそれは、引き寄せが成功したことを強く実感できた瞬間でした。

感動を噛みしめる私の頭の中ではアメリカのテレビ番組「トワイライトゾーン」の音楽が何度も鳴り響いていました。

そのときのゴルフをきっかけに、今でも春と秋にはロスチャイルド氏とゴルフを楽しむ関係を保っています。

また、その人脈から年を追うごとに交流関係が広がったおかげで、私は上質な成幸者だけが知りえる大切なことを学ぶことができたのです。

第２章　幸せな成功者が持つ４つの自由

Key Word

成幸の定義は「4つの自由」

第1章の内容から、いわゆる成功者たちを大別すると、決して真似をしたくないような不幸な成功者と、幸せそのもので憧れてしまう成功者の2つのタイプが存在することがおわかりいただけたと思います。

では、幸せな成功者（成幸者）となるためには、どうすればよいのか？

私はお会いした成功者たちをいろいろな側面から分析してみました。

成功したビジネスの内容から、1日の時間の使い方、大切にしている習慣、仕事上のパートナーや奥様（旦那様）がどのような人物であるかなど、ヒアリングやウォッチングできる範囲で調査した結果、ある傾向が見えてきました。

それは、成功者たちが最も価値を感じているものは、それぞれ、

「お金」

「時間」

「健康」

「人脈」

の４つだということです。


そして、これらの価値をバランス良く持っているのが成幸者で、価値を持ち合わせてはいるものの、全体のバランスが悪く、偏っているのが不幸な成功者だと言うことができます（特に「経済＝お金」のウエイトに最大の重きを置いているのが、その典型と言えます）。

また、成功していない一般の人たちで言えば、どの価値も満足できるほど十分に持ち合わせておらず、「お金」と「時間」については大きな苦労が見えます。

「自分は健康で友人もたくさんいる。でも、お金がないから一生懸命に働かなければならない。そのため、自由になる時間はなくなってしまう……」

これと似た境遇に置かれている人はいませんか？　おそらくとても多いのではないでしょうか。

このほかにも、家が資産家で、子どもの頃から比較的贅沢な暮らしをしていても、「健康でお金も時間もあるけれど、素敵な王子さま（理想の伴侶）に出会えていない……」と悩んでいる人もいるでしょう。残念ながら、これでは成幸者にはなることができません。

「お金」「時間」「健康」「人脈」これら４つをバランス良く持っている（自由である）人こそ紛れもない成幸者であり、この世の中にわずか３％しかいない存在なのです。

それでは、この４つの価値とその自由についてそれぞれ詳しく説明していきましょう。

Key Word

「経済の自由」
――お金は多ければいいというものではない

まず1つ目の自由は、**「経済の自由」**です。

つまり、お金に不自由がない状態のことです。かといって、必ずしも大金持ちである必要はありません。なぜなら、経済の自由を測る尺度は万人に均等ではなく、個人によって大きく異なるためです。

どのような人生を歩みたいか、どのような価値観を持っているか、それらの答えで金額が変動します。

基本的には「必要なものを必要なときに必要なだけ買える自由」ということであり、自然豊かな山間で、美味しい空気を吸い、のんびりと自給自足の生活がしたいと思う人ならば、それほど高い金額を必要としません。

対して、お城のような大豪邸に住みながら、世界各地に別荘を建てて、気が向くままに北へ南へ飛びまわり、世界のグルメを食べ尽くしたいなどと思うなら、それなりの金額が必要となります。

大切なことは、これからの自分がどのような経済状況になれれば、心地良い人生を歩めるか見極めることです。

Key Word

「時間の自由」
——成幸者は例外なく労働収入以外の収入を得ている

2つ目の自由は、**「時間の自由」**です。

これは、いくら経済的に裕福な環境にあっても、それを使って楽しむ時間がなければ幸せとは言えないということです。

「売上数百億円のビジネスをしているが、仕事に日々追いかけられて自分のやりたいことをする時間がまったくない」

この状況ではとても、自分が幸せと感じることはないでしょう。

では、経済の自由を持っている人が、時間の自由を手に入れるためには、どうすればよいのでしょうか？

一昔前までよく耳にした、こんな言葉があります。

「一生懸命に勉強をして、一流の大学に入って、一流の会社に入れば、一生幸せに暮らせる」

小さい頃に、両親から同じようなことを言われた人も多いでしょう。

確かに30年前の日本であれば、その通りだったかもしれませんが、今日の日本でこの言葉を子どもたちに言い聞かせるのは、あまりに無責任でしょう。現在の世界の経済状況や各国が抱える社会問題を冷静に鑑《かんが》みれば、あの時代とは状況も大きく違い、また再びそのような時代が訪れることもあり得ないのですから。

しかし、30年前の当時からこの言葉に賛同しない人たちもいました。

そう、成功者たちです。

彼らが共有する常識とは、**〝時間の切り売りをして収益を上げるビジネスには限界がある〟**ということです。

この時間の切り売りビジネスで得た収入は〝労働収入〟と呼ばれます。

1人の人間が与えられている時間は、1日24時間と決まっています。どれほどの富を得ようが、1日が48時間に増えることはないし、200歳まで生きられることもありません。大富豪も路上生活者も国や人種に関係なく、それは世界中のすべての人間が平等に与えられているものです。

労働収入の場合、この平等な時間を使い収入に差を付けるとなると、質の高い仕事をするほか、ありません。

しかし、労働収入はすなわち〝時間の切り売りビジネス〟であり、レバレッジをかけることもできないので、おのずと収入の限界が決まってしまいます。そのうえ、万一怪我や病気で動けなくなると、その時点で収入はストップしてしまいます。

これはアメリカのメジャーリーグで活躍するイチロー選手にしても、どれほどの腕前を持つ名医にしても同じで、安定した高収入を得る職業であっても例外ではないのです。

私が調べたところ、**労働収入だけで成幸者になった人はほとんどいません**。皆、**「権利収入」**というレバレッジを使い、収入を得ています。会社や収益ビジネスモデルを所有するなど、不動産収入や金融投資による収益が収入の大部分を占めています。

世界的ベストセラーとなった『金持ち父さん貧乏父さん』（ロバート・キヨサキ、シャロン・レクター著、白根美保子訳、筑摩書房）の著者でもあるロバート・キヨサキ氏もこう述べています。

「経済的自由人になりたければ、時間の切り売りビジネスをやめて、ビジネスオーナーになるか、インベスター（投資家）になるしかない」

ビジネスオーナーとは、自分でビジネスを立ち上げて大成功を収めることで、ビル・ゲイツや故スティーブ・ジョブズのように、それまでの世の中になかったものを先取りして、自ら会社を立ち上げて成功させるということです。

そのほか、発明により得られる特許権の使用料や、著書・作曲による著作権印税などもこれに含まれます。

また、マクドナルドやミスタードーナツに代表されるフランチャイズ権の取得やネットワークビジネスも権利収入ビジネスの1つです。

権利収入にはビジネスオーナーになるほか、インベスター、つまり投資家となって、お金に働いてもらい収益を上げるビジネスもありますが、これは、〝成功者がさらに成功するための手段〟と言えるでしょう。

このように成功者は常に時間に左右されることなく、収益を上げるさまざまな手段を持っているのです。

Key Word

「健康の自由」
――健康でなければ人生を楽しむことができない

３つ目の自由は、**「健康の自由」**です。

好きなものを好きなだけ買える自由があり、さらに時間がたっぷりあっても、健康な身体がなければこれらは実現できません。

以前、サラリーマンだった私は会社を休んで、平日に友人とゴルフへ行ったことがあります。

名門ゴルフ場を2サム（2人組でプレー）で予約していたのですが、当日の朝、ゴルフ場で支配人から「当ゴルフ場のメンバーさんがお1人いらっしゃるのですが、ご一緒させていただくことはできませんでしょうか？」と、お願いがありました。お断りすることもできましたが、私たちは快く承諾し、３人でプレーすることになりました。

その会員の方は、50代後半ぐらいの紳士でマナーも良く、初めてお会いしたとは思えないほど和気あいあいとした雰囲気で、一緒にゴルフプレーを楽しむことができました。

そしてハーフを終えて、昼食をご一緒すると、その方は小さなグラスビールとうな重を美味しそうに召し上がっていました。

よくよく伺ってみると、糖尿病を患っているため、かかりつけのドクターから普段はうなぎやビールを止められているとのことでした。ただし、ゴルフで体を動かしたときは特別に許されているので、彼にとってはゴルフよりも、うなぎを食べるほうが目的でゴルフ場に通っていると話していました。

名門ゴルフ場の会員権を持てる経済力や、平日にゴルフができる時間の自由があったとしても、好きな食べ物を好きなときに好きなだけ食べられる自由がないとか、病院のベッドに寝たきりで楽しい旅行にも出かけられないようでは、真の

成幸者とは呼べないでしょう。

Key Word
「人脈の自由」
――良い友人や家族に囲まれているのが本当の幸せ

そして、最後の４つ目の自由は、**「人脈の自由」**です。

経済的に恵まれていて、時間に余裕もあり、そして健康な身体があっても、心の支えになる家族がいなかったり、楽しい時間を共有できる友人がいなかったりすれば、幸せな成功者とは決して呼べません。

くる日もくる日も高級タワーマンションの1室にこもり、1人で貯金通帳を眺めてはニタニタとほくそ笑む姿を思い浮かべただけでゾッとします。

たくさんの成幸者に共通していた点は、**自分が成功できたのは自分1人の力とは思っていないこと**でした。

どの成幸者にも、成幸の陰には必ず後押ししてくれた人が存在しています。その人物は、ある人にとってはメンターであったり、またビジネス上での知人であったり、ときには自分の夢に共感してついてきてくれた社員だったりもします。

人脈で大切なのは数ではなく、質です。

よくフェイスブックやツイッターで何千人、何万人の人脈を持っているなどと自慢気に言う人がいますが、その数と成幸できる確率は比例するわけではないので、まったく自慢にはなりません。

たとえ人数は少なくても、上質な人間関係を保てる友人の有無のほうが、はるかに重要な意味を持つのです。

Key Word

４つの自由をバランス良く持つことが大切

「経済」「時間」「健康」「人脈」の４つの要素。

すべての成幸者はこの４つのバランスが良く、不幸な成功者はバランスが崩れています。

崩れている人は、特にお金（経済）にエネルギーが集中している傾向があるようです。いくらお金があっても、それを使う時間がなかったり、寝たきりや重度の病気で食事や行動に制限があったり、また、友人もなく１人孤独で寂しく暮らしていたりして４つの価値がバランスを保っていなければ成幸者とは言えません。

では、成幸者たちは、どのようにそのバランスを調整しているのでしょうか？

私が出会った成幸者の多くは、これらのバランスを無意識のうちに調整していました。

どういうことかというと、**成幸者の何気ない習慣がバランスを保たせる**ものなのです。

たとえば、経済的に裕福になり過ぎると、身分の高い人は不遇の人を助けなければいけないという考え方に基づく「ノブレス・オブリージュ（財産、権力、社会的地位の保持には責任が伴うという考え方のもと、社会貢献する活動）」により多額の寄付をします。

時間が余れば、その時間を社会貢献活動に充てます。

つまり、彼らは無意識のうちに４つの項目のバランスを保つ習慣を持っているのです。

成幸者の言葉に学ぶ

第3章 お金に愛される人の習慣

The Success Rule of Millionaires

Key Word

「お金ってなかなか減らないね」

これは、国内外に不動産を数多く持つ資産家が言った一言です。

毎年、アメリカの経済誌『フォーブス』に「日本の富豪」のランキングが発表されており、2015年版の発表では、ファーストリテイリングの柳井正会長兼社長が、保有資産211億ドルでトップでした。

為替レートにもよりますが、これは2兆円超えという資産額です。なお、日本人4位（楽天の三木谷浩史氏）でも1兆円を超えているのですが、この1兆円を使いきるには、毎日100万円ずつ使っても2700年かかる計算です。100億円でも使いきるには、月100万円の消費で840年かかります。これは新たな収入がない状況でも、子孫10代は暮らしていける富です。

ちなみに、この計算は資産運用による利息を含めていないので、実際はさらにすごいことになるでしょう。

それでは、もう少し小規模で現実的なお金持ちではどうでしょうか。

日本では現在1億円以上の資産を持つ人が230万人いると言われています。

実に日本の国民52人に1人の計算になります。資産公開している人だけでこの数ですから、実際にはそれ以上のミリオネアがいるのは間違いないでしょう。

たとえば、あなたが5億円持っているとします（ロスチャイルド銀行が個人の資産運用として引き受けられる最低金額はこのくらいと言われています）。

この低金利の時代、1億円以上のお金を銀行の定期預金に預けるような人はおらず、多くの富裕層はプライベート・エクイティー（PE＝上場していない成長・成熟期の企業に対し、比較的大規模な資金提供をすること）で資産運用をしています。

また、銀行での資産運用であっても一般庶民とは違ったレートが適用されています。

私の友人にプライベート・エクイティーのディーラーがいます。

彼は、世界中の極めて突出したディールだけを選定して、世界トップクラスの富裕層を相手にしていますが、最低でも年利20～25％で運用し、ときには40％を超えるディールもあると聞きます。

仮に5億円を年15％で運用したとすると、利息だけで7500万円。分離課税の20％で税金を納めたとしても6000万円は残る計算です。利息だけで毎月500万円を使わないと増えてしまうわけですから、普通に生活していたら当然ますますお金持ちになってしまいます。お金は、ある程度まで増えてしまうとなかなか減らないというのもうなずける話です。

それでは成幸者は、増えたお金を貯蓄することについてどのように考えているのでしょうか。

普通の人は先々や老後の備えのために定期預金などに預けますが、成幸者の貯蓄の概念は〝**人に貯蓄する**〟というものです。

つまり、お金を長期的にプールする（口座に貯めておく）ことを考えていません。短期的に必要なお金だけ手元に置くか、普通預金に残しておけばいいと考えています。

創業間もない企業家への資金提供や、独立志望の有能な個人への資金協力など、人脈に投資（貯蓄）しておき、本当に困ったときはその投資した人脈から引き出せばいいという考え方なのです。

Key Word

「お札を好きにならないとお金は入ってこない」

これも多くの富裕層から聞かれる言葉の1つです。

話は少しずれますが、植物は毎日「ありがとう」とか「大好き」と語りかけられると青々とした元気な葉を広げ、花も長く咲き続けるそうです。中でもサボテンは同じように語りかけていると、半年ほどでトゲを落としたり、トゲが産毛のように柔らかくなったりすることもあるそうです。

生き物ではない道具でも同じことが言えます。

アメリカ、メジャーリーグで活躍を続ける日本人のイチロー選手は、とても道具を大切にしていて、自分のバットやグローブはグラウンドボーイにも触らせないそうです。手入れも毎日欠かさず、「ありがとう」と感謝の気持ちを込めて自分で磨くそうです。そして、そういう習慣を持っていると、たまに不思議なことが起こるそうです。

たとえば、ピッチャーの投げた球が予想に反して手元で沈み込み、「空振りか……」と思った瞬間、急にバットが重さを増し、自分がイメージしていたスイング軌道より下を通って思いがけずジャストミートさせることができたそうです。

そういうことが1度や2度ではなく、何度もあったと。

本人は、「きっとバットが『普段お世話になっているから、ちょっと重くしてあげましょう』とタイミング良く調整してくれているのだと思っている」と言います。

これはお金も同じことです。お札を好きになり、財布に入ったお札に「ありがとう」とか「大好き」と唱えてみます。そして、何かを買って支払うときには、笑顔で「また仲間を連れて戻ってきてね」という気持ちで感謝しながら送り出すと、そのうちお札が仲間を連れて戻ってきてくれるそうです。

その一方で、お金に恵まれない人には、ある共通点があります。

それは、**「お金に対して罪悪感を持っている」**ことです。この感覚は、多くの人が子どもの頃から親や先生、またはテレビなどにより吹き込まれてきた感覚なので、なかなかぬぐい去ることができません。

「お金の話は汚い」「お金はトラブルの元」「金儲けは悪いこと」等々、そんな声がいろいろなところから聞こえてきます。

それが原因で、どうしてもお金の話を避けようとします。特に、日本人の場合は顕著で、古《いにしえ》の日本人から脈々と受け継がれてきたＤＮＡに刻み込まれたものなので、仕方がないと片付ける人もいます。

ご存じの通り、日本には「士・農・工・商」という階級制度が江戸時代にありました。1番高貴な人は〝士（サムライ）〟で、最も身分の低い階級が商人です。金儲けをする人たちが増えると幕府の存続を脅かす可能性が生じるため、あえて商人を最下位にしたとされています。これも日本人がお金に対して、良い印象を持てない原因の1つかもしれません。

日本人が成功するためには、まずお金に対するこのネガティブなイメージを払《ふっ》拭《しょく》することから始めなければならないでしょう。

Key Word

「黄色や金色の財布を持った富裕層に会ったことがない」

近頃、黄色や金色の財布が売られているのをよく目にします。

どうやら、黄色や金色は「金運」がつくというイメージがあり、一般的にその色の財布はお金に恵まれるシンボル的な存在になっているようです。

しかし、もしそれが事実であれば、世の富裕層たちは当然のことに黄色や金色の財布を使っているはずですが、そのような財布を持っているお金持ちに、私は出会ったことがありません。彼らに尋ねても、「黄色や金色の財布を持っている仲間はいない」と、口をそろえて答えます。

この事実を踏まえると、財布の色とお金が貯まることの間に因果関係はないと考えて、まず問題ないでしょう。色よりも重要視すべきは、**お金を大切に扱うことができる財布か否か**ということにあると思います。

たとえば、レシートや割引券を無造作に入れてパンパンに膨らんでいたり、生地が擦りきれて綻《ほころ》んでいたりして、いかにもお札が居心地悪そうにしている財布では、お金が貯まるとは到底思えません。それどころか、みるみるお金が逃げ出していくのが目に見えるようです。

財布はお金が快適に感じられる状態を保ち、大切に扱う。それが、お金が貯まる財布の最低条件です。

Key Word

「なぜかお金に愛される日本人は、みんな長財布を使っている」

先述の通り、私は2000人以上のお金持ちの人とお会いする機会に恵まれました。会食する場合、会計は大半彼らがすませてくれます。それも渋る様子などまったく見せません。

胸の内ポケットやスタイリッシュなハンドポーチからさりげなく財布を取り出すと、気前良く会計をすませます。

ところが、財布をお尻のポケットに入れている人だけは見た記憶がないのです。

それが無性に気になった私は、「なぜ、お尻のポケットに財布を入れないのですか？」とある大富豪に尋ねてみました。その答えは「お金を尻に敷くなどとは……」と静かな言葉でした。

今まで気づきませんでしたが、言われてみれば確かにその通りだと深く納得できました。

それ以来、私もお尻のポケットに財布は決して入れません。その効果があったのかどうかは、ご想像にお任せします。

そして、お金持ちの財布には、ほかにも面白い傾向があります。

日本人富裕層の多くが長財布を使っているのに対し、外国人の富裕層はほとんどが2つ折りかマネークリップを使っていることです。これは、外国人富裕層はクレジットカードで支払う習慣が身に付いているため、財布をクレジットカードケースとして、とらえているからかもしれません。

日本では、長財布を使えばお金が貯まるなどと言われて、巷《ちまた》にはそれを推奨する本まで出ていましたが、実際のところはどうなのでしょうか。

私のこれまでの出会いや経験から言えば、**どちらでも良い**のだと思います。

長財布がそのように言われるのは、お札を折らずに収納できることから、お金を大切にする意味合いが生まれて、それが発展しただけなのでしょう。

大事なのは**〝お金の住処《すみか》〟として心地良く扱ってあげる**ことにあります。

お札の向きをきれいにそろえ、余計な物を入れないようにするなど、繊細な心遣いを持ってお金と接してあげればきっと良い方向に向かうでしょう。

ちなみに、財布に入れる際はお札に印刷されている人物の頭を上にすると良いとか、下にすると良いなどといろいろ言われていますが、富裕層の人たちにはどちらの傾向も見つかりませんでした。単純にお札の向きをそろえる習慣はありましたが、人物の上下の位置については、人によりけりでした。

Key Word

「人は、所有できる物の数が決まっているからね」

この言葉を最初に聞いたとき、衝撃を受けました。

何を根拠にそのようなことを言うのだろうと思い、私はまったく腑《ふ》に落ちない気持ちでいました。

しかし、その気持ちが変化したのは、富裕層の自宅をいくつか拝見してからです。なぜなら、**どこのお宅も共通して非常にシンプルだったから**です。

通常のお宅でよく見かけるような、旅行土産のコケシとか、どこで買ったのかも忘れた置物といった余計な物が部屋に飾ってあることがまずありません。

彼らにとっては、そのような物はすべて不要品（ゴミ）で、所有するに値しないと判断していると考えられます。

そんな富裕層が常に意識している法則は次のようなものです。

お金がある人もない人も、人間が所有できる物の数は同じ。

お金持ちは、質の高い物をほどよく所有し、貧乏な人は価値のないどうでもいい物で自分のキャパシティ（生活空間）を埋め尽くす傾向があります。

スーパーで何かを買ったときに無料で付いてくるオマケを「いつか何かに使えるかも……」と思い、せっせと家の中に溜め込むようなことは、まさに貧乏から抜け出せない人がする典型的な行為です。

お金持ちは、人が所有できる物の数に限界があることを知っているため、質の高い物しか買わないし、必要のない物は受け取りもしません。

そして、**彼らは自分の〝器〟を満杯にすることも絶対にしません。常に新しい物を受け入れるキャパシティを残しているのです。**

もし、〝器〟が満杯になりかけたら、不要な物、質の低い物を見定めて、次々と手放していきます。そうして新しい物が手元に入り、所有する物の質が徐々に高まっていくのです。

日本が世界に誇れることの1つとしてメディアなどでも取り上げられるのが「もったいない」という言葉です。これは、第2次世界大戦で豊かなアメリカと戦って、多くの国民が貧乏で質素な生活をしていた背景から生まれた精神です。「贅沢は敵」となり、どんな物も捨てずに大切にする習慣が当たり前となって、日本人の心に根付きました。

日本独自の精神を表した言葉のため、正確な英訳もできない言葉です。確かに、物を大切にすることは素晴らしいことであり否定はしませんが、単純に〝自分に不要な物＝捨てる＝物を大切にしない〟という理屈にはなりません。

富裕層の人たちが好む理論は、〝必要とする人がいるのなら、その人に使ってもらえばいい〟というもので、物を循環させる考えです。

だから、無料で配っている物でも、今の自分に必要な物と感じない限りは受け取らないし、自分の〝器〟が満杯になりかけたときには、使わない物から順に必要としている人に譲ろうとするのです。

Key Word

「買ったらダメだ、借りなさい」

これは、私が海外生活から帰国して数年後、家族のことを考えて、マイホームの購入を考えた頃に、ある資産家から言われた言葉です。

その方は、国内外に不動産を多数所有しながらも、自宅は賃貸の高級マンションに住んでいました。

なぜか富裕層の人たちには、彼のようにあえて自宅を所有しない人をよく見かけます。とくに世界を股にかけて働くビジネスパーソンは、転々とホテル住まいを繰り返しているケースが多々あります。

なぜ、自身が住む、家族が住む家を所有しないのでしょうか？

その理由の1つとして、経済の自由を手に入れている富裕層の人たちは、お金に対して、あるポリシーを持っているからです。それは**「お金を生まないものには投資しない」**というものです。

資産運用をする不動産はお金を生み出します。だから、利回りが良い物件や、将来値上がりが期待できる投資価値のある物件には、積極的に多額のお金を使います。

しかし、自宅はお金を生みません。いえ、お金を生まないどころか、固定資産税が課税され、年月がたつごとに修繕費もかかり、維持費が年々増加するばかり。**買った時点で自宅はコストになってしまう**のです。

その昔には、サラリーマンの給料と家の価値は右肩上がりで上がるという神話が存在していましたが、今同じことを言う人はいないでしょう。

海外の富裕層と日本国内の富裕層を比較すると、自宅を所有しない割合は外国人のほうが高くなっています。

一般人でも外国人に比べると、まだまだ日本人は自宅を所有している人が多くいるようです。これは、国民性の違いの表れと言えます。

簡単に言えば、物に対するこだわりがあるかどうかです。

わかりやすい例として、「箸《はし》の文化」と「ナイフ、フォークの文化」の違いがあります。

ご存じの通り、欧米人はナイフとフォークを用いて食事をしますが、家庭内で自分専用のナイフやフォークを決めておらず、家にある物を皆で共有しています。つまり、自分専用の物を持つというこだわりがありません。

それに対して、日本人は家庭内でそれぞれ専用の箸を決めている場合がほとんどでしょう。これこそ、日本人特有の所有欲からくるこだわりの例です。車でもゴルフクラブでも、日本人はリースやレンタルを好まず、何でも所有したがる特性があります。

前述の通り、1人の人間が所有できる物の数には限りがあることを踏まえると、共有できる物は複数人で共有し、個人での所有は本当に必要な物だけに限るべきと言えるでしょう。

Key Word

「器から溢れる富だけを使いなさい」

これは、お金を着実に増やせる人だからこそ口に出せる一言です。

億単位の資産を持つ人に聞くと、お金はある程度まで貯まると、そこから急激に増え始めると言います。

その金額は、人によって違うようですが、自分が目標とする金額を目指し、ひたすら節約してお金を貯め続けると、何とも言えず心の財布が満たされていき、満足と思える瞬間が訪れるそうです。

その瞬間まで、無駄遣いをせずにコツコツと貯め続けなければ、億万長者の予備軍には入れないというわけですが、たいていの人はゴールまで我慢できません。

目標に近いところまでたどり着くと、つい安心するのか〝自分へのご褒美〟として、ロレックスの腕時計を買ったり、ちょっと贅沢な海外旅行へ出かけたりと散財してしまいます。

こういう行動に出る人たちは、残念ながらいつまでたってもお金持ちにはなれないそうです。

目標金額を1度設定したからには、何があっても達成するまでは財布の紐を緩めてはいけません。自分へのご褒美は、心の財布が満たされた額をクリアして、その器から溢れ出した分で買うのです。

そうした習慣を持てば、財布に入ってくる額も日に日に増えてあっという間にお金持ちになるそうです。

Key Word

「本当に価値のあるものにお金を使いなさい」

これは、成幸者たちが必ず言う言葉です。

特にフェラーリのオーナーズクラブで知り合いになった成幸者は皆このことをよくわかっています。

富裕層の人たちは、普通の人たちがもったいないと思うところに、お金を使う傾向があります。

移動手段を見ても、運転手付きの専用車やタクシーを使ったり、新幹線ではグリーン車に乗ったり、飛行機ではファーストクラスを選びます。

普通の人は、普段の移動では電車やバスを利用し、新幹線や飛行機でも会社の経費などで落とせない限り一般席を選ぶでしょう。なぜなら、どのクラスを利用したとしても同じ目的地へ到着できるので、高い料金を払って上のクラスで移動するなんてもったいないと考えるせいです。言わば、不必要な無駄遣いをしているに過ぎないと思っているのです。

しかし、これは違います。それらを単なる移動手段と考える普通の人たちに対し、お金持ちは空間やそのプラスアルファの要素に価値を見出して、お金を使っているのです。

新幹線のグリーン車は一般席と違い空間が広く、リクライニングシートで足も伸ばせます。東京から新大阪までの約2時間半、快適に過ごせるおかげで疲れも少なく、目的地に到着した後もパワフルに行動できます。

飛行機は、移動時間がさらに長いこともあり、ファーストクラスを利用する人とエコノミークラスの人たちが移動中に感じるストレスには、もっと大きな差がつきます。

私が仕事でアメリカと日本を毎月のように行き来していた頃、偶然、席が余っていたファーストクラスにアップグレードしてもらったことがありました。

それは実に快適な時間でした。

当然ながら、シートの座り心地は申し分なく、広々としたスペースが確保されています。料理にしても、キャビア、フォアグラなどの高級食材を一流シェフの料理で堪能できます。そして、自分の席のまわりにいるのは、もちろんお金持ちそうな人ばかりで、どこか気品ある雰囲気が漂っています。

そんな体験をすると、富裕層の人がなぜ惜しみなく移動手段にお金を使うのか、納得できます。一般席とは違う、特別席を利用することは、快適な空間を得られるだけでなく、**上質な富裕層の人たちとの出会いや情報交換の機会**を手にすることも含まれているのです。

また、そうした成功エネルギーの高い人に囲まれることで、さらに自分のエネルギーも高まると考えたりもします。

当然、富裕層たちは同じ価値観を自然と持ち合わせているため、そこで知り合う人たちと話も合うでしょう。そこでの交流は、希少な情報などをもたらして、そのままビジネスに発展することもあるようです。こうして、彼らはますます豊かになっていくのです。

普通の人が、ただの贅沢に過ぎないと思うような行為でも、そこには成功者しか知らない有益な付加価値が数々あるのです。

物事の本質をとらえ、その本質を知ったうえで価値のある物にお金を使っている、それが彼らのお金の使い道なのです。

成幸者の言葉に学ぶ

第4章 時間に束縛されない自由な習慣

Key Word

「6分後に行くから」

もう何年前の話になるでしょうか。

初めてロスチャイルド氏にお会いしたのは、秋も終わりに近づいた11月下旬のことでした。静岡県の三島市にあるグランフィールズカントリークラブ。日本人富裕層を中心に16名程度（4組）を集めた小さなプライベートゴルフコンペが開催されました。

そのうち、特にロスチャイルドと親しい9名で、ゴルフ場に前泊して、夕食をともにしながら夜遅くまでカラオケで盛り上がり、懇親を深めました。

翌日、ゴルフコンペ当日の朝、私は彼と同じテーブルで朝食をとり、プライベートの話題を中心に楽しい会話で盛り上がりました。そうして、先に食事を終えた私は先に練習場へ行く旨を彼に告げ、席を立ちました。そのとき、彼がこう言ったのです。

「I will also go there six minutes later.（6分後に行くから）」

それに私は「See you soon.」と笑顔で返し、クラブハウスから歩いて2～3分のゴルフ練習場へ向かいながら、私は彼の言葉を思い返していました。

「6分後に行く」

切りのいい5分とか10分ではなく、何とも中途半端な時間。とはいえ、生活の中で意味もなく細かな時間を言うのもよくあることです。少し違和感を覚えましたが、彼のジョークのようなものだろうとそのときは思いました。

そして、練習場で球を打っている私の前に彼が笑顔でやってきました。まさかとは思いながら腕時計に目をやると、予告通りにジャスト6分後だったのです。

時間に正確な彼の行動に驚き、彼に言いました。

「本当に6分後でしたね」

すると、彼は強い口調で言いました。

「だから6分後に行くと言ったでしょう！」

その言葉には、あなたとの大切な約束を私が破るわけがないでしょうといったニュアンスがありました。普通の人にしてみれば、大して重要ではないと思うことでも、彼は常にこだわりを持って、行動しているのでしょう。これは、どの成幸者にも共通することで、**「約束したら必ず守る。守れない約束はしない」**という習慣が身に付いています。

そういえば、ほかの富裕層の人たちにも時間を非常に大切にし、待ち合わせた時間に1分でも遅れると極端に不機嫌になる人や、数分でも時間に遅れそうになると必ず連絡してくる人もいました。

世間一般では、お金持ちまたは企業経営者の多くは「せっかち」と表現することがありますが、これはとらえ方が違うと思っています。**彼らは時間にせっかちなのではなく、時間をとても大切にしているのです。**

人生において最も平等かつ大切な時間を他人から奪うことは、すなわち、その人が生きるのに残された時間を奪うということです。

それは大げさに言い過ぎでは？　と感じるかもしれませんが、たった数分、いや数秒の違いで人生を大きく左右された、なんてことはよくある話です。そう思えば、たとえ1分でも大切にすべきなのです。

一事が万事。まずは時間に対する考え方から変えていかないと、成幸者にはなれないのかもしれません。

また時間を大切にすると同時に、彼らは大切なことは先延ばししません。自分の感情に縛られずに常に冷静で、行動を起こすのに最適な日は今日だと考えています。大切なことを明日まで先延ばししてはチャンスを逃がすと、常に切迫感を持っている証なのです。

それに比べ成功できない人は、何かしようとは思っていますが、時期についてはいつも迷っている傾向があります。

モチベーションが高まるのを待つばかりで、結果的に自分の感情に振り回されていると言えるでしょう。これでは、成功できるだけの知能と才能を持っていても、行動できないのですから、成功の秘訣を知った頃には人生がほぼ終わってしまっているということもあり得ます。たとえ気が乗らなくても、大切なことはすぐに行動に移すよう、心がけたいものです。

Key Word

「〝忙しい〟を口癖にしている金持ちはいない」

「忙しい」という言葉を口にするのは、ゼロから立ち上げたビジネスで成功している人たちに多いと感じます。

自分のまわりを見渡すと、確かに「忙しい」を口癖にしている人もちらほらいます。そういう人に何かを頼むと、「忙しくてできません」とか「今はそんなことをやっている場合じゃない」などと、決まって否定的な言葉が返ってきます。

皆さんのまわりにもこういう人はいるでしょうし、もしかしたらあなた自身も気付かないうちに言っているかもしれません。

でも、こう言う人に限って本当は忙しくもなく、ただ面倒臭いだけの言い訳で使っていたりします。もしくは、無駄な動作ばかりで作業がやたらと非効率となり、自ら忙しい状況を生み出していたりするのが実際のところでしょう。

それに対して、本当に忙しそうな成幸者からは「忙しい」という言葉を聞いた覚えがありません。

その理由として挙げられることは、2つあります。

まず1つは、「実際に忙しくない」。忙しくなるのは、自分で何でもやろうとしたり、やらなければならないと勝手に思い込んだりしていて、作業を人に任せることができないためです。

自分の得意分野であれば、それを不得意にしている人に比べると、自ら手がけたほうが結果も芳しく、作業時間も早くすむ可能性も高いと言えます。

しかし、誰にでも不得意分野や好きでないことは必ずあります。そのような場合は、あっさりほかの人に任せてしまいましょう。そうすることで、効率良くビジネスを成長させることができ、またお金を増やしていくことができるのです。

もう1つの理由は、**お金を働かせる仕組み、または自前のビジネスが価値を生み出す仕組みを持っているため**です。

これは、自分の時間を切り売りして稼ぐのではなく、お金やビジネスモデル自体が収益を上げていってくれるわけです。この場合のお金やビジネスモデルは実に働き者で、ベッドで熟睡している夜中だろうが、遊びに出かけているときだろうが関係なく24時間働いてくれます。これだと忙しくなりようがありませんね。

Key Word

「富と名声と時間。どれか1つだけと言われたら迷わずこれを選ぶね」

もうおわかりいただいているかと思いますが、成幸者と呼ばれるためには「経済の自由」「時間の自由」「健康の自由」そして「人脈の自由」という4つの自由を持ち合わせていなければなりません。

そんな4つの中で、成幸者たちにどれを最も大切にしているかと尋ねると、皆、「時間の自由」を選びます。

対して、不幸せな成功者たちは「経済の自由」と答えます。

この違いに、何か意味はあるのでしょうか？

まず、幸せな成功者（成幸者）はなぜ、時間を最重要項目と思うのでしょうか。それは、「時間」は、お金や人脈、健康とは違い、どんなに努力しても何かを犠牲にしても、増やすことができないからです。

「お金」なら、頑張って働けば働くほどに増やすことも可能ですし、「健康」なら、体にいい運動を続けることや食習慣に気を配ることで維持できます。

しかし、**時間の自由だけは、根本的に増やす術が今のところありません。**

どれだけ高額な治療費を支払っても、どれだけ世界的名医の治療を受けたとしても、寿命をお金で買うことは根本的に不可能なのです。

欲しい物を何でも手に入れてきたお金持ちに、「最後に欲しいものは?」と尋ねたら、ほぼ全員が「(生きられる)時間」と答えることでしょう。

また、見方を変えると、私たちが富裕層の人たちと平等に与えられたものが、唯一「時間」と考えると、1秒も無駄にしないように、もっと大切に今を過ごさなければならない気持ちになるでしょう。

Key Word

「毎日が夏休みだから」

サラリーマンなど会社勤めの人は、うんざりした気持ちで月曜日の朝を迎え、金曜日になると週末が心待ちとなり嬉しくなります。

少し前に「サザエさん症候群」なる言葉が流行《はや》りました。毎週日曜夕方6時半から放送されるテレビ番組『サザエさん』が終わると、反射的に明日から仕事だと強く意識され、気が重たくなってしまう。そして夕飯はのどを通らなくなり、寝付きも悪くなってしまうという症状が起こるのです。

このような症候群に悩まされるということは、言い換えれば週末のために生きているようなものです。

一方、成幸者はどの曜日も楽しく、そして幸せを感じて過ごしています。

彼らは今この瞬間を最大限に活用し、自分が求める仕事と家庭を創造するために常に情熱を燃やしています。これが成幸者になる習慣の1つです。

幸せな大富豪らは人生で最も大切なものをよくわかっているので、富や名声を他人にひけらかしたりもしません。だから、ほとんどの方は一般的に知られることもなく無名のままです。

ゴールデンウィークやお盆、クリスマスや年末年始など、一般の人がこぞって出かけるシーズンには彼らは動きません。

また、人気があって混み合うリゾート地なども進んで行ったりはしません。

彼らは、一般の人で混み合うハイシーズンには、自宅でパーティーを開いたり、お気に入りの別荘へ出かけたりして静かに過ごします。そして、オフシーズンになると、誰もいないリゾート地へ出かけ、ゆったりとした休日を楽しみます。

私も、ゴルフ業界で仕事をしているときは、仕事の関係でオフシーズンにリゾート地にあるゴルフ場を訪れたり、家族でカリブ海の島々やフィジー、モルディブなどでバカンスを楽しんだりした経験がありますが、そのときに出会った人たちは、私がサラリーマン時代に無理してリゾート地へ旅して出会った人たちとは全然違う世界に住む〝ただ者ではない〟人ばかりでした。

こうした〝ただ者ではない〟と感じさせる人に、「お休みが自由に取れるお仕事をしていらっしゃるのですね」と話しかけると、「毎日が夏休みみたいなものさ！」とウインクして無邪気な笑みを浮かべるのです。

そういう人たちは、渚のカウンターバーでカクテルを片手に笑い話をしたりして仲良くなると、いとも容易《たやす》くご馳走してくれます。その表情を見ると、「楽しい時間をくれたお礼だよ」という感謝の気持ちが伝わってきます。

楽しい時間や空間には、惜しみなくお金を払う。そんな習慣を徹底しているのが成幸者たちなのです。

Key Word

「早起きすると、昼間には見えないものが見えてくる」

「成功する人は、早起きをしている人に多い」。

そんな話を聞いたことはありませんか。

世にある自己啓発本や成功法則の本などにもよく書かれていることなので、私も真相を知りたくて、彼らに尋ねるようにしています。

すると、**成幸者と呼べる人たちは例外なく早起きでした。**これはただの偶然でしょうか？

なぜ成幸者は早起きをするのか？　その理由を本人たちから直接教えてもらいましたので、ご紹介しましょう。

まず、1番よくあるのが、人生など長いものではないので1日1日を大切にする意味で早起きをする、という答えです。

また、早朝は脳が活発に働くので、できるだけその時間を使ってクリエイティブな仕事をすませたいという答えもあります。

私の友人（男性）で、ボサノバやサンバ音楽の世界で、日本人ながら本場ブラジルのトップミュージシャンにも一目置かれるシンガーソングライターがいます。

彼は、日本のテレビCM向けにもボサノバ調やサンバ調の曲を作っていますが、そんな彼は朝4時に作曲作業をすることもよくあるそうです。

それは世の女性が思わずうっとりするような甘いラブソングだったりするのですが、作曲者が寝起きの下着姿で作り上げたとは知る由《よし》もないでしょう。

そのほか、ある成幸者に尋ねたときには、次の言葉が返ってきました。

「早起きすると、昼間には見えないものが見えてくるんだ」

この意味を理解するためには、成幸者と同じように早起きを習慣化し、「本質を見極める」ことができるようになる必要があります。言葉で説明すると、人や車の騒音で意識が散漫となる日中とは違い、早朝は寂しいぐらいの静けさがあります。その世界にいれば、意識や精神も研ぎ澄まされて、新しいアイデアが浮かんでくるというわけなのでしょう。

日本の諺《ことわざ》にもあるように、〝早起きは三文の徳〟というのは成幸者にとってはごく常識的な教えと言えます。

Key Word

「〝人生の年表〟を作ることから、成幸者の人生はスタートする」

成幸者、または成幸を目指している発展途上の成功者たちにお会いすると、面白いほどに共通した習慣を持ち合わせていると感じます。

それは「人生の年表」なるものを持っていることです。

わかりやすく言うと、**目標やゴールを一生のスパンで計算して、描いているの**です。


成功している経営者には、このテーマで本を書いている人がよくいます。

たとえば、GMOインターネット株式会社グループ代表の熊谷正寿氏の『20代で始める「夢設計図」』（大和書房）などは世間にも知られていますが、ビジネス界の成功者のほとんどの方が自分の年表を持っていると知ったときには驚きました。


基本は、生まれてから自分が死ぬだろうと思う年までの期間で、さまざまな項目を作って、白紙の年表を埋めていきます。

この時期には自分の会社がIPO（新規株式公開）を果たして株式市場で上場する、この時期には家を買う、旅行に出る……などときめ細かに記載しています。

書き方についても成功者たちから教えてもらっていますが、その詳細については拙著『世界の大富豪2000人がこっそり教えてくれたこと』（三笠書房《王様文庫》）をご参照ください。

ポイントとしては「バックキャスト手法」を取ることです。

つまり、今を起点にして今後どうなっていきたいかを考えて、中間目標や達成目標を設定するのではなく、**最初に「自分が人生の最期にどうなっていたら幸せと思えるか」を考えて、ゴールを明確に設定する**ことです。

そしてそのゴールから、人生を逆算していき、20年後はどうなっていなければならないのか、10年後は、5年後は、1年後は、そして今は何をしなければならないのかと、目の前の目標までを浮き彫りにするのです。

成幸者たちは、この手法を取れば最終ゴールを達成する確率が飛躍的に高まることを知っています。

たとえば、ヨットで東京からアメリカのサンフランシスコまで航海すると決めたとします。このように目的地がしっかりと定まっていれば、途中で嵐など気象条件の変化で予定するコースから外れたとしても、ポイント、ポイントで軌道修正さえ行なえば到着できます。

ですが、何となくアメリカのほうへ行きたいなーと思うだけでは、目的地に到着することははるかに難しくなるでしょう。

ビジネスで成功する経営者たちは、時にこの年表を経営判断にも用います。よく〝頭の切れる経営者は判断が早い〟と言われますが、その裏にはこの〝人生の年表〟というカラクリがあったのです。彼らは自分の年表を眺めて、新規事業は会社の目指す方向と符合しているのか、目的を達成するために必要なビジネスなのか、照らし合わせることで瞬時に見極めていたのです。

そういう事実を知ると、〝直感力が鋭い〟などと成功者を称賛することは疑問に思えもします。

成幸者の言葉に学ぶ

第5章 健康で長生きができる習慣

Key Word

「今回の来日は53回目」

ロスチャイルドとのエピソードについて、もう少しお話ししましょう。

初めて私がロスチャイルド氏とお会いしたのは、山の紅葉も鮮やかな、秋もいよいよ終わりに近づいた11月の下旬。

場所は、静岡県三島市にある名門ゴルフ場「グランフィールズカントリークラブ」でした。


顔合わせも含めて前日に夕食をご一緒し、そのままゴルフ場に泊まる手はずです。約束の時間より早く現地入りした私たちがゴルフ場館内のバーで歓談していると、1機のヘリコプターがヘリポートに着陸しました。

その瞬間、店内に緊張が走ったように見えました。

おそらく、その場にいた誰もが確信したのでしょう。

ロスチャイルドがやってきた……と。

それから数分後、予想通り私たちの前にロスチャイルドは現れました。

私が挨拶しようと緊張しつつ手を差し出すと、優しい笑みを浮かべながら氏が応じてくれたことを今でも鮮明に覚えています。そこでシャンパンを片手にワインの話で盛り上がり、さっそく打ち解けることができました。

夕食会の場所はＶＩＰルームが用意されていました。

高台に位置するため眺望も素晴らしく、日が傾きかけた三島市街の夕景が窓一面に広がる中で、まず自己紹介から始めました。英語、フランス語、日本語など、いろいろな言語で参加者たちが自分をアピールして、その最後を務めるのはもちろんロスチャイルド。彼は皆に向かって、最初にこう言いました。

「私がこの美しい国、日本を訪れたのは今回で53回目になります」

〝約50回〟などという大ざっぱな表現ではなく、明確な〝53〟という数字を用いるところに氏の個性を感じました。

そのほかにも、スピーチや会話のはしばしからも、記憶力が長《た》けていると実感できることが何度もありました。所有している車の細かい性能から遠い昔の出来事まで、話す内容のすべてが具体的で、情景などは細部に至るまで伝わってきました。

これまでにも、優れた記憶力を持つ成幸者と私はたびたびお会いしています。成幸と記憶力は関係するのでしょうか。

その疑問を氏に伝えると、**「もし記憶力が衰えたら、それは引退のときだ」**というニュアンスの返事がありました。多くを聞かずとも、記憶力がいかに現役でいるために重要な要素であるか伝わってきます。

また、氏は記憶力と健康は密接な関係にあるとも考えていて、健康には常に気を配りながら生活をしているとも伺いました。

どれだけ偉大な成幸者になろうと、そういった基礎生活面の自己管理を怠らない姿勢こそが、揺るぎないロスチャイルドの地位を支えているのでしょう。

Key Word
「ジャンクフードを食べない」

富裕層の方と会食していると、こんなことを尋ねる人がいます。

「たまにはハンバーガーなどのファストフードを食べたいとは思いませんか？」

当然、そのときの私たちのテーブルには、1皿でハンバーガーが何百個も買えるような高級料理が並んでいます。ひょっとすると、質問の裏にはその対比から生まれる好奇心があるのかもしれません。

私自身の話をすると、インスタントラーメンを食べることは少ないですが、昼食にファストフード店を利用することはあります。毎日食べるのはどうかと思いますが、急いでいるときには手早く食事をすますことができるので都合が良いと考えているからです。

富裕層の方にお伺いしても、〝ファストフードは絶対に食べない〟とか〝まずい！〟と頭ごなしに否定する声は、ほとんどありません。

ですが、自身の健康管理を理由として**意識的に避けてはいる**ようです。ジャンクフードには防腐剤を多用した商品がよくあるからでしょう。

彼らは飲み物にも十分気を付けています。特に、良質な水にこだわり、炭酸飲料はスパークリングウォーター、スパークリングワイン以外は進んで飲むことはしません。

また、食事に関する健康管理でいえば、**歯を大切にする傾向**もあります。

毎日、歯磨きを欠かさないことはもちろん、定期的に歯科検診を受けて、虫歯予防にも徹します。そして、噛み合わせを良くするためには、歯の矯正やインプラントなどに積極的にお金を使います。

日本には100歳を超える高齢者が6万人以上いるといわれますが、これら長寿の方の共通点として、歯が丈夫であることが指摘されます。

成幸者たちが歯を大切に管理するのは、成幸した人生を少しでも長く享受したいと心から願っているからでしょう。そして、それは〝今が幸せ〟である何よりの証拠なのかもしれません。

そのほか、成幸者は喫煙や肥満が病気を招くことも熟知しています。

タバコを吸う成幸者には、ごくわずかしかお会いしたことがありません。**ほとんどの方がノンスモーカー**です。

また**体重管理のための摂生と運動**を心がけています。幸いこの2つは自分の意思でコントロールできますから、もし食生活が乱れたり運動不足に陥ったりすると、彼らはすぐに軌道修正を試みます。

これによって得られる自信は、人生のほかのことすべてに影響することを知っています。だから食べ物にも気を使いますし、何歳になっても若さを維持することにこだわるのです。

Key Word

「夜寝なきゃ、いつ寝るの？」

昼間は仕事で疲れとストレスが溜まり、その反動で夜は遅い時間まで暴飲暴食をする。それは多くのサラリーマンの性《さが》でもあります。

実際、平日の夜にもかかわらず、スーツ姿の会社員たちが深夜まで遊び歩く姿などは特別珍しいことではないでしょう。

また、週末の金曜、予定の仕事が終わらずに急遽、徹夜作業になってしまい、帰宅できたのは翌朝。眠りに就いたものの、目が覚めたときにはすっかり夕方で、結局何もできないままに土曜が終わってしまった。こんな経験も会社勤めをしていればよくあることです。

では、成幸者たちはどうでしょうか。

私が知る限り、夜は比較的早く仕事を終えて帰られる方が多く、就寝時間も一般の方と比べると早いように思います。

以前、夕食をご一緒した方の場合、話が盛り上がっているときに、私が「夜は長いですから」と言ったところ、**「夜は寝るものだよ。夜に寝なければいつ寝るつもりなの？」**という言葉が返ってきたことがありました。

睡眠に関して、皆さんは〝何時間〟寝るかだけを重要視していませんか。単純な時間の長さだけを気にして、夜でも昼でも7～8時間も寝られれば問題ないと。

しかし、成幸者は**〝いつ〟寝るか**、という時間帯にも配慮しているのです。

私は健康医学の専門家ではないので、あまり細かい解説はしませんが、**昼と夜では同じ長さの睡眠を取っても、体調は大きく異なります。**

それは人間に備わった体内時計の影響で、人間が眠るべき時間と起きるべき時間は、生まれたときからきちんとセットされているからです。

そのため、眠るべき時間外の睡眠では体内時計が狂い、正しく機能を働かせることができないというわけです。

やはり、人間は日の出とともに目覚めて、日の入りとともに就寝するという、太古からの基本リズムが最も理想的な生活習慣であり、成幸者たちもなるべくそれに近い生活を自然と送ろうとしているのでしょう。

Key Word

「悪口には本当に毒がある」

こんな言葉を聞くと何やら危ない話にも聞こえますが、これと同じような話をよく耳にしませんか。

私が聞いた中で印象的だったのが斎藤一人《ひとり》氏の話です。

彼は高額納税者番付において、1993年以来2006年に廃止されるまでの14年もの間、毎年トップ10に入り続けた唯一の人物で、銀座まるかんの創業者です。

彼の話によると、アメリカの学者が、ハエや蚊などの虫を瓶《びん》に入れて、その瓶の中に悪口を言いながら息を吹きかけた場合と、何も言わずに息を吹きかけた場合で、虫の寿命に影響を及ぼすかどうかという実験をしたそうです。

結果は、悪口を言いながら息を吹きかけた瓶の虫のほうが、何度試みても早く息絶えたそうです。

冗談まじりの会話で「あの人の言葉には毒がある」などと言いますが、その実、言葉には本当に毒を含む性質があるのです。これを経験上で知り得ているのか、私がお会いした成幸者たちは、人の悪口を決して言いませんでした。

また、「金持ち喧嘩《けんか》せず」という格言があるように、実際彼らはマイナスのことにエネルギーを絶対に使いません。そんなことをすれば、内なる潜在意識がマイナスのオーラで満たされてしまい、肝心なことに注ぎ込むプラスのエネルギーがなくなってしまうからです。

これでは、おのずと心が悪い方向へいきやすくなるのも当然です。まさに、悪口は「百害あって一利なし」なので、気を付けたいところです。

しかし、言いたくないのについ悪口を言ってしまった経験はありませんか？

その原因として考えられるのはストレスです。悪口を言うことで、ストレス解消を感じるためと言われます。そのため、真意は悪く言うことではないので、〝死んでほしい〟などと相手を心から憎んでいることは、ごくまれで、〝直してほしい〟〝改めてほしい〟というだけの場合が大きいでしょう。

そう思うと、無駄な悪口を言わずにすむように、なるべくストレスを溜めない生活を心がけたいですね。

それと、悪口を言う人に近づかないことも大切です。

会うと必ず人の悪口を言う人間というのは、どこにでも必ず1人はいるものです。そういう人は、あなたと会っているときは誰かの悪口を言いながら、ほかの誰かと会っているときにはあなたの悪口を言いかねません。

もはや悪口が日課の1つになってしまっている人は、単にストレスが原因ではなく、過去に大きな傷を心に受け、恨み、憎しみ、怒り、悲しみなどの憎悪を抱えていることが考えられます。この場合、いくら親しい友人だからと親切心でその悪口を改めるよう注意しても、おいそれと直るとは考えにくいので、なるべく近寄らないようにしたほうが賢明でしょう。

Key Word

「年間600万円ぐらいは自分の健康のために使う気持ちが大切」

今から30年ほど前の話になるでしょうか。

石川島播磨重工業株式会社（現株式会社ＩＨＩ）に勤めていた頃、先々海外で業務を行なうであろう若手社員を対象にしたビジネスコレスポンデンス教育プログラムという授業があり、私もそれに通っていたことがあります。

週1回で、期間は1年。予め受けたTOEICの試験で基準値を超えた者だけを選抜するエリートプログラムで、文字通りビジネスで使う英文の書き方について教える授業でした。講師は、ビジネスコレスポンデンスの分野で日本を代表する中村弘先生。

彼の授業は一言で表すと〝奇抜〟でした。2時間の授業のうち、ビジネスコレスポンデンスに関する内容は5分の1程度で、残りの時間はお金持ちの習慣についての内容でした。

彼が口癖にしていたのは**「1億円以下のお金はお金と思うな」**で、それ以下のお金は小銭として扱えと言うのです。何とも乱暴な主張ですが、興味深くもあります。

彼が無造作に扱うカバンにはいつも普通預金の通帳が4冊入っていました。

それらの預金額にはすべて999万円ほど入っていたようです（授業中に実際に通帳を見せられた生徒が「桁が多過ぎて、いくらかわからない」と驚きの声を上げたことも)。

また、自身が所有する高級車を授業中に突然、オークションにかけると言ったときには、「600円!」と手を挙げた生徒に、本当にその金額で譲ってしまうなんてこともありました。

とにかく毎回驚きの連続で、私たちはかつてない刺激をたくさん受けました。

彼の授業は毎回黒板に大きく数字を書いて、それが何の数字だか皆に問いかけることから始まります。

たとえば「3億」と書いたときの正解は、前日の1日だけで株で儲けた金額でした。

また、別の日に彼が書いた数字(あえて明記はしません)が1度に寄付した最高額と聞いて、教室がどよめいたこともありました。

そして、彼が「600万」と書いたときのことです。

生徒たちは、1晩の飲み代とか、1日の小遣いなどと予想しましたが、答えは「成功者として、自分の健康のために1年間に使うべき最低額」とのことだったのです。

それまでの株や寄付の話に比べるとインパクトは小さいですが、なぜか私はその話を忘れることができず、今でも機会があれば、健康維持のためにいくら費やしているか富裕層の方たちに質問します。そして、**ほとんどの方が600万円以上と返答しました。**

金額そのものは別として、彼らは成功する前から健康への意識を強く持っており、収入に対しての健康維持費の割合は、一般層のそれよりもずいぶんと高くなるでしょう。それだけ、自分自身を大切に考えているようです。

Key Word

「ペットは人を元気にする」

私が動物好きなせいか、ペットについての質問もよくします。

すると、**ペットを飼っている成幸者が非常に多い**ことを知りました。人生を歩むうえでペットは大切なパートナーという意識を皆さん一様に持っているようです。

成幸者にも、仕事や日常生活の中で生まれる悩みや失敗で、わずかに気持ちが落ち込むときはあります。でもそんなときに無邪気なペットと触れ合うと、心が癒され、明るい気持ちを取り戻すことができるのでしょう。

このようにペットの存在の大きさを知っている分、愛情と感謝の気持ちを強く持って接するので、さらにペットもそれに応えようとします。こうして、良いスパイラルで信頼感が醸成され、心のエネルギーが自然と満たされるため、充実した生活を送ることができます。

この話を聞いて、ペットを飼うことがそれほどプラス要素をもたらすなら、飼わないと損じゃないか、と思う方もいるでしょう。その通りです。飼ったほうがいいのです。

しかし、成幸できない人というのは、最初に弊害点から探す性分があります。

賃貸マンションや集合住宅だから飼えない、旅行が好きでよく家を空けるから無理、ペットを飼う環境が整っていない、などとネガティブなことばかりを挙げます。そうして、それらの問題が解決したら初めてペットを飼おうと考えるため、なかなか飼うまでに達しません。

対して、成幸者は実にポジティブ思考の持ち主です。

最初に考えるのは、ペットを飼うにはどのような環境に変えればいいか、変えるためにはどうすればいいか、などと飼うことを前提にして改善点を挙げていくのです。

もうおわかりですね。成幸できる人はペットだけでなく、何に対しても前向きな考えから始めます。ネガティブ要因に意識を向けるのではなく、ポジティブ要因に意識を向け、そこで芯から心のエネルギーを湧き上がらせることで、そのエネルギーが勢いのある前向きの原動力を生み出し、目標を達成していくのです。

ちなみに、ほとんどのペットが犬であることもわかりました。

犬種は大型犬から小型犬までとさまざまですが、不思議と彼らは犬をペットとして選ぶ傾向があるようです。

Key Word
「祖先に守られている」

成幸者の習慣の1つとしてあるのが、お墓参りを決して欠かさないことです。

自宅近くにお墓がある人は頻繁にお参りして手を合わせます。お墓が遠方にある人も必ず年に1、2回は墓石の前でご先祖様に近況を報告する習慣があります。

これは、今の自分がこうして幸せでいられること、そして、家族が健康を害することも事故や災難に巻き込まれることもなく暮らしていられるのは、自分の両親をはじめ、祖先が陰ながら見守ってくれているからだと心から信じているからです。そのため、自分たちが住む家以上にお墓には細心の気を配り、心を込めた立派なお墓を建てる傾向が見られます。

また、お墓参りの際には進んで**家族を帯同して行くことが多いのも特徴的**です。

理由は、祖先に感謝しながらお墓を掃除したり、心を込めて手を合わせたりすることが子どもにとって意味のある大切な教育の一環と考えているからです。

「祖先がいるから、今ここで自分たちが笑ったり、泣いたりすることができる」

小さい頃からお墓参りに連れて行くことで、子どもはそれを自然と学びます。

そうすれば、両親と同じように祖先に対して心からの感謝の念を抱くようになります。こうして、祖先を大事に思う気持ちを根底に持ちながら、家の繁栄と富の継承における仕組みもしっかりと守られ続けるのです。

「たとえ1代でビジネスに成功した人でも、祖先に感謝していない人間など1人もいない。もし、そのような人がいるとしたら、その人はきっと物事の本質が見えていないのだろう」と、成幸者は言います。

両親や祖先はもちろんのこと、**目に見えないものに対しても素直に感謝できる気持ちを持つことが、成幸するためには必須条件**なのです。

成幸者の言葉に学ぶ

第6章 人脈に恵まれる人の習慣

Key Word

「今の自分があるのは、すべてまわりの人のおかげ」

これまでご紹介してきた数々の成幸者たちを含めて、私がお会いした成幸者の皆さんは、自身の成功についてこのように語っています。

「今の成功は、自分だけの力ではとても成し遂げられなかった」と。

今でこそ名を馳《は》せている成幸者たちも、過去には途方もなくハードルの高い試練や重大な失敗を1度や2度は経験しています。

自ら立ち上げた事業が思い通りにいかなくて自己破産に追い込まれたり、経営する会社の業績が伸び悩んだあげくに倒産したり、大切な人を突然の事故や病気で失うなど、思いも寄らなかった人生の壁が立ちふさがり、それまで揺らぐことのなかった自信や向上心さえ奪われそうになることがあります。

アメリカの不動産王であるドナルド・トランプ氏や石油王のジョン・ロックフェラー氏といった成功者の代名詞とも言えるビッグネームである両氏も、破産した経験があります。

海運王と呼ばれたアリストテレス・オナシス氏や、カミソリで有名なキング・ジレット氏も両親の事業失敗によって自己破産し、ドン底生活を強いられた時期がありました。それは将来の成功した姿からは想像もできない姿だったことでしょう。

そう考えると、自分にもチャンスがあると思いませんか？　彼らは生まれたときからずっと上流階級にいたのではなく、私たちと同じ、ともすると、より苦しい境遇にいたわけですから。

これらを踏まえると、大富豪たちが大富豪になり得たのは、彼らの育った環境が良かっただけの必然的なものだ、と一言で片付けることなどできないでしょう。生まれつき特別に頭が良かったわけでもありません。たまたま幸運の女神に気に入られた、単なるラッキー者のわけでもありません。

大きな成功を収めた幸せな成功者（成幸者）と呼ばれる人でも、類《たぐい》まれなる才能を武器に自らの力だけでそれらを勝ち取った人など、ほとんどいないでしょう。

彼らとて我々同様に、人生の浮き沈みを味わい、自分1人の力だけではどうしようもない場面に出くわしているのです。

そんなときに手を差し伸べて、献身的にサポートしてくれるのは自分のまわりにいる人たちです。

ビジネスの場面であれば、自分の夢と信念に共感して、一切疑わずについてきてくれるパートナーであったり、参謀役として親身に支え続けてくれるスタッフであったり、心から信頼できる仲間たちであったりします。

プライベートの場面であれば、素晴らしいメンターとの出会いや、苦労をいとわない良き伴侶のサポートなどがあればこその結果で、自分1人の力だけでは今の地位は築けなかったと皆が語ります。

そのため、成幸者たちは感謝の言葉をいつでも口にします。公言しないときであっても、心の中では「ありがとう」と手を合わせて、感謝の念を送るように心がけています。

さて、視点を移して、スポーツの世界などはどうでしょうか？

実は、こちらでも同じようなことが言えるのです。

オリンピックで金メダルを獲った選手や、大記録を達成したゴルフ選手やプロ野球選手がコメントを求められると、**「ありがとうございます！ 応援してくれた皆様、それから関係者の皆様のおかげです。本当に感謝しています！」**と、自分の喜びよりも、まわりの人に対する感謝の気持ちを述べるケースがほとんどではありませんか。

それは、世間体を考えた社交辞令だととらえる人もいるでしょうが、本当にそうでしょうか？

途方もない労力を注ぎ込んでようやく夢見た栄誉を手にした直後のことです。

おそらく実感もままならない興奮状態にいるでしょう。体裁をつくろうことなど頭にあるはずもありません。彼らは心の底からおのずと溢れてくる感情をそのまま口にしているだけと考えるのが、自然ではないでしょうか。

もし、これが「優勝できたのは自分が苦しい練習に耐えて頑張ったから当たり前」とか「成功したのは自分が生まれ持った才能のおかげで、自分は神に選ばれし存在」などと口に出さずとも心の中でそう思っているようなら、その成功も長続きすることは決してありません。それどころか、次のステップへの階段を踏むことすらできずに終わるでしょう。

何度も言います。

成功は自分1人の力では絶対できないのです。

突き詰めれば、あなたを生み育ててくれた両親、あなたをそばで守り、ともに成長してきた兄弟、良いことも悪いこともすべてを共有してくれた親友、反面教師として教えてくれた悪友、多くの存在があればこそ、今のあなたがいるのです。

そして、成功し始めると、さらにあなたを助けてくれる仲間が集まります。これは成功哲学で使われる「類友の法則」であったり「調和引力の法則」と呼ばれたりする現象です。

簡単に言えば、あなたと同じ方向のエネルギーを持つ人たちが、お互いを引き寄せるように集まってくる現象です。

ノミをご存じですよね。犬や猫に引っついて生きている小さな虫です。全長1ミリほどの体にもかかわらず、20センチ以上のジャンプをします。これを人間の大きさで置き換えると、身長1メートル70センチの走り高跳びの選手が、340メートルのハードルをクリアするのと同じ計算になります。

こんな驚異的な跳躍力を持ったノミですが、コップの中に入れて蓋《ふた》をして閉じ込めた場合、興味深い現象が起こります。

コップの中でノミは何度もジャンプをします。すると、そのたびにノミは蓋にぶつかってしまいます。

本来、コップの高さの何倍も高く跳べるわけですから当然です。何度も何度もジャンプを繰り返し、蓋にぶつかることをしばらく続けた後、コップの蓋を外してみると、そのノミはコップの蓋の高さまでしか跳べなくなっているのです。

これは、何度も蓋にぶつかり高く跳べなくなったノミが、自分の力がこれぐらいなのだと思い込んでしまい、自分で自分の限界を誤って作ってしまった結果なのです。言い換えれば、成長を自ら止めてしまったことになります。

こんな風に自分を見失い、跳べなくなってしまったノミですが、もとのジャンプ力を取り戻させる方法があります。

それは、「高く飛べるほかのノミと一緒にすること」です。

ほかのノミが高くジャンプするのを見て、跳べなくなったノミも次第に元の力を取り戻し始め、本来の能力通りに背丈の200倍以上も跳べるようになります。

不思議ですが、実際の話です。

人間にもこれとまったく同じことが言えて、成幸者の集まりの中にいると、それだけで考え方や習慣が変化して、気付かないうちに自分も成長していくのです。

成幸者と交流したいと思うことは、くだらない見栄や思い上がりなどではありません。付き合う相手の意識が伝染することを経験上知っているためであって、自分を成長させてくれる人たちを自然と求めているのです。

そうやって優れた人たちと少しでも長く時を過ごしたい、付き合いたいと願うのは人間としてごくごく当たり前のことで、かつ正常なことでしょう。

では、どうでしょう。あなたのまわりに優れた人はいますか？

Key Word

「自分を好きになれない人が成功するわけがない」

近年、豊かな都市として日本でも一躍有名になったアラブ首長国連邦のドバイ。

そこで金融ビジネスによって莫大な財を成し、40歳という若さで第二の人生を謳《おう》歌《か》している成幸者に教えられた言葉があります。

「自分を好きになれない人が成功するわけがない」

言われてみて、なるほどと思いました。成幸者たちは例外なく「自分が好き」という感情を持っています。

これはナルシストとはちょっと違います。

自分の殻（世界）の中で自分を愛するのではなく、**自らを信じて行動し、自信を得ることで自分を好きになる**、と言ったほうが正しいかもしれません。

日本には謙遜の文化があり、自分のこと、また自分の妻のことを人前で褒めるようなことはあまりしません。

成幸者においても日本人に限れば、そのような傾向があり、わざわざまわりの人に向けて大っぴらには口に出して褒めません。

しかし、そんな日本人の成幸者たちも、自分が大好きであり、妻を愛していることが話の節々から伝わってくることはあります。そう、実のところは、自分を大好きな人ばかりなのです。

「自分にないものを他人に与えることはできない」という格言がありますが、まさにその言葉通りで、自分を好きになれなければ、他人を好きになることも尊敬することも、他人に優しくすることもできません。もちろん相手の力になるような行動も取れないと言えるでしょう。

「自分を好きになる」

これは成幸者にとって不可欠な要素だと感じます。

Key Word

「見返りは断りなさい」

「見返りを求めず、その人の力になる」

これは、成幸者の習慣の中で最も普通の人と違った習慣であり、成幸者が他人に教えたくない秘密の習慣と言っても過言ではないでしょう。

しかし、この言い方なら、我々も普段から耳にする教えでもあり、必死になって隠すような秘密の習慣と言うには、やや物足りなさを感じてしまいます。

実を言えば、この言葉、そのニュアンスが若干違います。成幸者なりの解釈で表現すると、次の言い方が正解でしょう。


「見返りは、その人から直接いただいてはもったいない」


普段、我々は他人に何かをしてあげると、その本人からの見返りを期待します。

その人からは「この人はいい人だ」と思われることや、金銭的な報酬を期待することもあるでしょうし、仕事上の関係であれば、新たな仕事をもらうとか紹介してもらうなどを期待したりするでしょう。

それゆえ、親切にしてあげたのに自分を裏切るような行動を取られたりすると、戸惑い、怒り、失望してしまいます。たとえ見返りを求めていないと思っていたとしてもです。これは、無意識のうちにその人から見返りをもらうことを期待しているからと考えられます。

その点、成幸者は直接その人から見返りをもらうことなど期待していません。なぜならば、その人から見返りをもらわないことで、まったく別なところから見返りがちゃんとやってくることを経験上知っているからです。それも**直接もらう見返りの、何倍にも増えて返ってくる**そうです。

こうなると、邪《よこしま》な考えにもなりますが、**成幸者が他人のためにしていることは、すなわち（未来の）自分のためにしている、ととらえることができます。**よって、その人からの見返りを期待するどころか、その人から見返りをもらってはもったいないとさえ思うわけです。

この考え方は、「この世のすべてのこと、また物質は宇宙の法則、原理によってつながっている」ということによるものです。

これにより、直接関係ないモノやコトに見えても、宇宙の根源ではしっかりとどこかでつながっているので、まったく関係のないところから見返りという形でやってきます。
この習慣は成幸者になり得た経験者、上質な人たちだけでシェアされていて、決して普通の人には知らされない、まさに秘密の習慣です。

Key Word

「出会いは、自分を映し出す鏡」

出会いについて、そこに偶然はなく、すべては必然であると成幸者は考えています。理由は、そのように考えなければ説明がつかない素敵な出会いをいくつもしているからです。
出会いとは不思議なもので、自分と同じ考え方やエネルギーの波長が合う人だけが引き寄せられます。

必ずと言っていいほど、同じ趣味嗜好の人が寄ってくるのです。

例えば、他人を踏み台にしてでも成功したいと思っている人には、やはり同じようにその人を踏み台にしてやろうと考える人が寄ってきますし、他人を幸せにすることが自分の幸せであると考える人には、同じような価値観を持った人が集まってきます。

成幸者が出会いの場で最も意識することは、「自分の中に良いエネルギーが溜まっているかどうか」ということです。つまり、自分のエネルギーと同等で波長が合う人にしか出会えない、と考えています。

自分のエネルギーが下がっているときには、やはりそれに合った人ばかりが寄ってくることになります。

そのため、素晴らしい出会いの場へ参加する際は必ず自問自答します。

「今日の自分は最高か？」と。

成幸者たちは出会いの場において意識を向けるのは、これから出会うであろう外部の人に対してではなく、自分自身に対してです。見方を変えれば、出会いというのは自分を映し出す鏡そのものと言ってもいいでしょう。

皆さんは、こういう経験をしたことはありませんか？

電車で運良く座れたと思ったとたん、すぐ隣に気分を害するような人が座ったり、酒臭い酔っ払いが何人も乗り込んできて囲まれたりした――という経験。

こういうことが起こるときは、いわゆる〝絶好調〟ではなく、自分の調子が悪かったり、元気がなかったりするときが多いのではないでしょうか。

たとえば、仕事上でミスをして落ち込んでいるときや、夫婦喧嘩をして後味が悪いときなどです。どうでしょう、追い打ちをかけるように嫌なことが起こることはありませんか？

成功哲学の法則に「磁石の法則」と言われるものがあります。出会いにはこの法則がよく使われるのですが、やはり自分と同じ志、考え方、ライフスタイルを持った人が寄ってくるというものです。

もし、あなたが目標を決めて成功を目指したときに、「やめたほうがいい」とか「無理だからあきらめなさい」などと言う〝夢泥棒（Dream Stealer）〟が近寄ってきたら、「磁石の法則」を思い出してください。

自分の夢を妨げるような人が現れるということは、自分自身が、その夢を妨げているということです。

つまり、夢へのアクセルを踏みながらブレーキを踏んでいる状態ですね。本当に自分が心から望んだ夢ではない可能性が高いので、もう1度自分が目指す夢について、見直したほうがいいかもしれません。

果たして、自分の夢は本当に自分が望むものなのだろうか？

何のためにそれを成し遂げたいのか？

落ち着いてじっくり再考してみると、実は自分がゴールとして目指すべきものではないと気付けるかもしれません。

Key Word

「初対面の相手は第一印象で即断すると間違いない」

成幸者は驚くほど人脈作りが得意です。

普通の人が行なう人脈作りは、人と会って名刺交換をしながら自分の利益につながるように商談をする程度ですが、成幸者は「誰が自分を助けてくれるか？」を考えて、まず相手を厳選しているのです。

成幸者は常に高い意識レベルで活動をしていますが、**公私にわたる人脈こそが自分にとって最も大切な「資産」である**と根底では考えています。

これにより、一流の人が集まるパーティーでは、どの人が自分の資産（公私にわたる人脈）に成り得る人脈なのかを、常に見極めながら名刺交換や歓談にいそしんでいます。

成幸者のこのような人脈作りを見た普通の人は、自分が成功するために他人を利用する卑劣なやり方と不快に思うかもしれません。

もし、そんな風に感じてしまった人は、人脈に対する考え方を根本的に改めなければ絶対に成幸者にはなれないでしょう。

彼ら成幸者たちはその人脈をギブ・アンド・テイクの原理に基づく共存共栄の健全な関係だととらえているのです。

自分を助けてくれた人には、お返しをしたいと思うのが通常の人間が抱く思いです。成幸者は人脈の中から「助けたい人」と「助けられたい人」の両方を常に探しています。そして、助けたいと思う人が目の前に現れれば実際に助けます。

私が成幸者に尋ねることの1つに、次の質問があります。

「初対面の人が自分にとってお付き合いすべき人かどうかを、どのようなポイントで判断しているのですか？」

これを、いろいろな成幸者に何度となく尋ねてきましたが、ほとんどの人が**「初対面での第一印象で判断」**と答えました。

これと真逆の意味を表すのが「人を見た目で判断してはいけない」という日本では古くから知られた言葉でしょう。子どもの頃には、誰でも1度は言われたことがあるのではないでしょうか。まるでそれが社会の常識であるかのように教えられました。

ひょっとすると一般人の常識など、成幸者からすれば非常識であり、まるで意味を成さないのかもしれません。

ただ、裏を返せば「判断してはいけない」としているということは、それだけ人というのは見た目で判断するものだと考えるからだと言えます。

アメリカUCLA大学の心理学者アルバート・メラビアンが1971年に提唱した概念で**「メラビアンの法則」**というものがあります。

この法則によると、人が他人を受け入れるまでには4つの壁があるそうです。

第1の壁……外見、服装、表情　(55%)
第2の壁……態度、姿勢、しぐさ

第3の壁……話し方、声の大きさ、抑揚
第4の壁……話の内容（7％）

ここで興味深いのは、第1の壁（外見、服装、表情）で55％が判断されて、第4の壁（話の内容）では7％しか判断基準になっていないことです。

これでは、選挙などでいくら街頭演説に励んでも、勝負は演説する前からすでに決まっていることになります。

もちろん、心を震わせる熱弁をふるうことができたり、後援会に力があったりすれば、その結果も変わってくると言えますが、そうした外的要素を除けば、十中八九、人は第一印象で物事を判断していると言っても過言ではないでしょう。

そうなると、いかに第一印象における判断の精度を上げるかというのが問題になります。当然ながら、成幸者たちがこの判断精度を非常に高く備えていることは言うまでもありません。

では、そこにどのような秘訣があるのでしょうか。

1つは、初対面で挨拶をした後、その場の雰囲気に合った会話を交わしますが、このとき、成幸者たちは相手側の立場に立って発言を予測したり、なぜそのような質問をするのかなどを考えたりしているそうです。

そしてもう1つが、**多くの人とお会いした経験から生まれた直感**とのこと。このように言うと、根拠とするにはやや弱いと感じるでしょうか。でも、そんなことはありません。

骨董商などの目利き職人を育てるときの話があります。新人に贋作《がんさく》を見破る力を付けさせるためにはどうすればいいか。

すぐに思い付くのは、多くの贋作を見せて本物との相違点を学ばせる方法です。しかし、実際にはそれとはまったく逆のやり方で、**本物（優れた品物）だけを見せ続ける方法**が良いと職人たちには認識されているようです。つまり、贋作を一切見せずに、本物だけを見せることによって、贋作を見た瞬間に違和感を覚えるようにさせるのです。

これと同じで、成幸者は数多くの出会いの中で、素晴らしい人たちと会っていますので、初対面でどこか陰や違和感を感じ取ると、直感的にその人はお付き合いすべき人か否かと、すぐに判断できてしまうわけです。

あなたの第一印象は大丈夫ですか？

Key Word

「否定語を言う人は、まわりから助けてもらえない」

いつも否定的な意見や言葉を使う人。あなたのまわりにもいませんか？

仕事で、新しいアイデアや企画を提案するたびに、最初から否定してしまう上司や同僚もそうです。

彼らはすぐに「それは前例があるのか？」などと保守的なことを言います。

その言葉を受けて、胸のうちでは「前例がないからビジネスチャンスがあるのに……」と、成功の本質をまるでわかっていない相手に呆れて、話し合う気力もすっかり失せてしまいます。

プライベートな話のときもそうです。楽しい旅行の企画を話しているのに、その場所は危険らしいとか、人に聞いたらあまり評判が良くなかったとか、頭ごなしに何でも否定してしまうので、楽しい気分も台無しになってしまいます。思わず「きちんと自分で調べたうえで言っているの？」と言いたくなってしまいます。

こういう人は、現状から変化することに対して常に恐怖心を抱いているために、現状を守ろうと必死に抵抗する習性があります。そうして、「昔は良かった」といつまでも古き時代にしがみつき、世の中の進化を拒んでは、不平不満を言い続けます。

そんな彼らの恐怖心は一体どこからくるのか。

それは、「この変化や進化についていけなかったら、あなたのせいでこちらが困った状況になってしまう」という被害者意識からきています。

その意識を隠すためにも、彼らは数々の否定語を使って猛反対するわけです。

以前、私が尊敬する、ある成幸者の方にこう言われたことがあります。

「次の5つの言葉を使わなければ3年以内に絶対に成功できる。もし、試してできなかったら3億円払ってもいい」と。

それほど自信がある教えとは一体……。

強い好奇心を持った私に、その方は5つの絶対に使ってはいけない言葉を教えてくれました。それは次の通りです。

「無理」
「できない」
「わからない」
「面倒くさい」
「疲れた」

これらはすべて否定を意味する言葉。これらを使うと、成功を目指している人の心も思考も、シャッターを下ろしてしまい、機能しなくなります。

どれだけ好調な流れに乗って今にも成功をつかめそうな状況に登りつめていても、これらの言葉を1度口にしただけで振り出しに逆戻りしてしまうほどに、悪い効力を秘めた恐ろしい言葉だというのです。

ところで、これらの言葉に共通点があることに気付きませんか？　そうです。これらは子どもがよく使う言葉です。

お母さんから「おつかいに行ってきて」と言われると、子どもは、

「ゲームしてるから無理！」

「お店がわかんない」

「今帰ってきたばっかだし面倒くさーい」

「部活で疲れたしぃ」

こんな風に言っては、おつかいに行くことを拒もうとします。子どものうちから否定的になるのは、良いこととは思えません。このようなことが起きるのは、親が同じ言葉を使っているから、子どもが真似する場合がほとんどと言っていいでしょう。

お子さんをお持ちの方、思い当たる節はありませんか？　もし、あなたがそのような言葉を使っていたら、自分を悪い方向に向けるうえ、子どもにまで悪影響を与えてしまうわけですから、日頃から言葉には十分気を付けることが大切です。

では、誤ってこれらの言葉を使ってしまったときは、どうすれば良いのでしょうか。

それは簡単です。**心の中で「キャンセル」とか「取り消し」という言葉を3回唱えてください**。これによって、潜在意識にインプットされた悪い言葉が消去されます。

当然、冗談半分に唱えたりしては、その取り消し効果はありません。ちゃんと心から願うようにして、取り消しを求めてください。

しかし、現実的にはこれら5つの言葉を使わずに日常生活を送ることは難しいことでしょう。それに、否定の言葉というのは反射的につい出てしまいがちです。

否定語を使わないようにするコツとしては、その言葉を**代替した言葉に変換して口に出す**ことです。もちろん、同じ否定語になっては意味がないので気を付けてください。

たとえば、「無理」を言いそうになったときには「厳しい」や「可能性が低い」などの言葉で伝えます。

「無理」のように完全に否定するのではなく、「厳しい」と肯定はしないまでもそこに**可能性を残すことによって、心と思考のシャッターを下ろさないようにすること**が肝心なのです。

うっかり完全にシャッターを閉めてしまうと、潜在意識はその時点で働かなくなってしまうので、可能性を残す言葉をうまく扱えるようになるのが望ましいですね。

言うまでもなく、普段から否定語を多用してしまう方は厳重注意です。たった1つの否定の言葉によって、あなたが会話を放棄していると相手に思わせてしまうかもしれません。それが慢性化してしまうと、誰もあなたと交流しようなどと思わないでしょう。せっかく持ちかけた楽しい話題が、ことごとく塞《せ》き止められてしまうのですから。

否定はせずに、可能性を残す言葉で会話をつなぎましょう。

Key Word

「好きな人と結婚しているようじゃダメだね」

もうご存じかと思いますが、成幸者は決して自分の力だけで成功できたとは思っていません。

良いビジネスパートナーに恵まれたから、良いクライアントに巡り合えたからと、まわりの人間に対して感謝の気持ちを強く抱いています。

そして、どれだけ良い伴侶に出会えるかどうかも、成幸者にとってのターニングポイントであると、実際にお会いした方々を見てひしひしと感じます。

では、成幸者たちが一体どのようなところに目を留めて、長い人生の伴侶として見初《みそ》め、結婚にまで至ったのか、その気になるところを順にお話ししましょう。

まず、女性の成幸者たちを見ていると、あまりご主人やパートナーのことを話したがらない傾向があり、なかなか実態をつかみづらい部分はありますが、割合としては独身の方が多いように感じます。

これは、自身が経済的自立を果たしているので結婚という枠《わく》にはまりたくなかったり、行動の自由を束縛されたくなかったりという理由が考えられます。

それでいて、子どもだけは欲しいと話す人ともたくさんお会いしました。女性ならではの葛藤《かっとう》のようで、印象に残っています。

それに比べて、男性のほうは既婚者が大半を占めています。総じて、その奥様方は質素で控え目に振る舞うところがあるようです。

ただ、そうは言いながら、ご主人にすべて頼りきっているという様子でもありません。裏ではしっかりとご主人を操作しているように見受けられます。まさに内助の功といったところで、ご主人が危険な事業に挑戦するときも不必要に止めることなく、できる限りの後押しをして、万一失敗したときにはそっと気持ちの面で支え続けるといった具合です。

そういう私も26歳のときに結婚して、その後2人の愛娘に恵まれました。おかげで、仕事もプライベートも充実した幸せな日々を送ることができています。

そんな私がまだ独身だった頃のことです。

オーストラリアで知り合った成幸者にどんな人と結婚すれば、幸せな成幸者となれるのかと尋ねたことがありました。そのときに返ってきた言葉がこれです。


「自分にないものを持っている人と一緒になりなさい。そして、〝好きだ〟という恋愛感情、お金、子ども欲しさ、といった欲望をただ満たすためだけに結婚しては絶対にダメだよ」

1度聞いただけでは理解しかねる言葉ですが、その真意を教えてもらい納得できました。それは、それぞれが持つ結婚の目的が原因で、やがて離婚の危機が訪れるという意味でした。

つまり、お金目当てで結婚した人はお金が原因で離婚する危機が訪れ、子どもが欲しいからと結婚を急いだ人は、必ず子どものことが原因で離婚の危機に陥るということです。

普通の人が結婚する相手を選ぶときには同じ趣味嗜好を持っていたり、似たような性格であったり、どこか相手に自分との共通点を求めるのに対して、成幸者は自分と正反対の人を選んで結婚する傾向があるようです。

男性がポジティブに身体を動かす行動派であれば、女性は頭を使い慎重に考えて行動する理論派といった具合に、**別々のタイプの2人が一緒になることで、どんな逆境や苦難でも打破できると考えている**のでしょう。

普通の人には考えられない成幸者の結婚相手を選ぶ方法。

「愛さえあれば……」などと言って結婚に至った方にはさぞ驚きの方法でしょうが、成幸功者たちはそうやって人生の伴侶を決めて、それぞれの大きな幸せを得たのです。

まったく、成幸者というのはユニークな着眼点や概念を持っている人たちだなと、知れば知るほど興味が湧いてきます。

Key Word

「移動の時間は情報の宝庫」

成幸者はタクシーを頻繁に利用します。自分が住んでいる地域でも出張や旅行先でも移動手段としてタクシーを選びます。

そして、タクシーに乗ると必ず運転手に話しかけます。土地勘がない旅行先では、地元の人しか知らない美味しい料理屋さんやガイドブックに載っていないような楽しいスポットなどを聞き出します。ほかにも、地元の景気や経済について、この土地で今流行っているものなど、あらゆる情報を収集します。

そうして、有益な情報を得たときには、おつりをチップとして受け取らないようにすることで運転手に感謝の気持ちを表します。

新幹線のグリーン車や飛行機のファーストクラスに乗ったときにも、彼らは隣り合わせた乗客に気軽に話しかけます。

挨拶を交わすと、これからどこへ何しに行くなどと自分から会話を進め、親近感が持てる相手であれば積極的に名刺交換までします。そこから、相手のビジネスの話を聞いたり、ときには自分のビジネス上の悩みまで包み隠さず打ち明けたりもします。

それらが結果的に、大きなビジネスの話に発展して、その後も良い関係が続いたり、家族ぐるみのお付き合いをする仲になったりという話は、とりわけ珍しいものではないと聞きます。

また、その場ではうまく発展しなかった相手でも、名刺交換したのであれば、後日、**手紙（Greeting Card）を送るなどといった心遣い**も忘れません。

しかし、普通の人は、タクシーや新幹線、飛行機を単なる〝移動するための手段〟と考えています。そのため、移動の間、ずっと寝て過ごしたり、起きていたとしてもパソコンを開いて黙々と仕事をしたりしています。

そのような時間の使い方も、絶対に良くないとは言いませんが、ただ考えてください、そうした作業は移動時間以外でもできるではありませんか。

どうせなら移動時間にしかできないこと、そう、成幸者のように偶然乗り合わせた隣人との交流に費やしたほうが、より時間を有効活用していると言えるでしょう。

成幸者は〝移動時間は新しい情報を得る格好の場〟〝自分に富を与えてくれる人との巡り合いの場〟と考え、偶然の出会いから生まれるチャンスを常に求めているのです。

彼らからすれば、移動時間は〝宝探し〟の時間なのかもしれません。もし、これと同じ感覚を身に付ければ、〝ただの移動時間〟が〝ワクワクの時間〟に変わるでしょう。せっかく新しい出会いに溢れた状況をみすみす逃してしまっては、新たなチャンスも生まれようがありません。

移動時間の使い方1つでも、これだけ大きく差が開いてしまうのです。いかにその状況を有効に過ごすか、移動時間の1分1秒を大切に使いたいものですね。

Key Word

「良いことばかりあるから明るくなるわけじゃない」

成幸者と食事やゴルフをして、私が感心することがあります。

それは、どんなときでも明るいことです。

こう言うと、「そりゃあ、そういう人たちは何不自由ない生活をしているのだから、明るくて当たり前だ」なんていう声が聞こえてきそうですが、そうではありません。

いつもと変わらず明るく振る舞っているのに、話を伺ってみると、普通の人ならとても平静を保てないほどの深刻な問題を抱えていたりするときもあるのです。

リーマン・ショックの後、ロスチャイルドにお会いしたときのことです。

大手投資銀行グループであるリーマン・ブラザーズが、ロスチャイルドの所有する会社であることは当然私も知っていたので、氏に「リーマン・ショックでは大変でしたね」と声をかけると、「いや、翌日1日で○○兆円集めたのでどうってことなかったよ」という明るい言葉が返ってきました（※残念ながら上記金額は公表できません。ご理解ください）。

あの騒動が大きな痛手になったに違いありませんが、取るに足らないことと言わんばかりに、氏はまったく気にした素振りも見せません。

このように成幸者たちには、裏を知れば、それでよく明るい表情を作れるなあ、と感心することが多々あります。

いつだったか、「よくそのような状況で明るく振る舞えますね」と口にしてしまったことがありましたが、**「良いことばかりあるから、明るくなれるわけじゃないよ」**と返答されたのを覚えています。

これは何を意味しているのでしょうか。

おそらく彼らは、良いことがあるから明るくなるという発想で物事を考えているのではなく、**明るくしているから良いことが起こると考えている**のだと思います。

だから常に明るく振る舞うのです。そうすることで、同じく明るく振る舞う人やエネルギーに満ちた幸せな人を次から次へと自分のもとへ引き寄せていきます。もしこの先、自分の気持ちがへこむことがあったとしても、エネルギーに満ちたまわりの成幸者たちにそのエネルギーを分けてもらおう、そして逆に、もし、まわりにへこんでいる成幸者がいれば、自分の満ち足りたエネルギーを与えてあげよう、といった具合にエネルギーの循環をさせているのです。

成幸者には、試練も悩みもないだろうと思う人もいるでしょうが、私が間違いなく言えることは、毎日代わり映えのない普通の日々を暮らしている一般人と比較して、**彼らは膨大な数の試練を経験しています。**

さらに、それら1つひとつは想像以上に困難なものです。そんな試練にぶち当たったときでも、彼らは一喜一憂することなく前を向き、それらを平然とクリアしていくのです。

成幸者は、人生は死ぬまで学んで、成長し続けるのだといった考え方を基本に持ち、うまくいく（幸せになる）ためには試練が付きものだという対価の必要性も知っています。だから、どんなときにも割り切って行動することができます。

「目指すものの大きさと、そのために受ける試練の大きさは比例する」

これを承知のうえで、大きな幸せを得るために大きな試練に立ち向かうのです。

Key Word

「受けたご恩を忘れてはいけない」

大きな試練に直面して、誰かに助けられた。そんな経験を誰でも1度はしているのではないでしょうか。

成幸者も同じで、大きな障害に立ちふさがれ、他人に助けられた経験を必ずしています。

「あのとき、あの人が助けてくれなかったら今の自分はない」と、昔の恩をいつまでも忘れず胸に秘めています。

彼らは、**自分がまだ成功していなかった頃の気持ちも、決して忘れません。**それもあって、自分と同じく成幸を目指し、苦闘している人を見ると強い共感を抱き、惜しみなく手を差し伸べるのです。

成幸者たちの試練ほど困難ではありませんが、普通の人にも生活やビジネスにおける場面で予期せぬ試練は訪れるものです。そして、幸運にも誰かに助けられたりもします。

「財布をなくしてしまい帰れなくなったときに、交通費を貸してくれた」
「勤めている会社が倒産して職を失ったとき、新しい仕事を紹介してくれた」
「どうしてもあきらめきれない新規ビジネスの立ち上げに、お金の支援をしてくれた」

ささいなことでも、窮地での助けは本当にありがたいものです。

しかし、どれだけ感謝の気持ちがあったとしても、日がたつにつれて徐々にその気持ちが薄れてしまうのが人間の常でしょう。

誰かの助けを受けて、ようやく困難を乗り越えた後、面白いほど順調な状況になると、助けてもらった恩も感謝の気持ちもすっかり忘れて、今自分がうまくいっているのは、すべて己の努力と才能のおかげだと、つい錯覚してしまいます。ひどくなると、恩を仇《あだ》として返す人さえいます。

これでは、物事がそれ以上にうまくいくことはあり得ないでしょう。

受けた恩をいかに忘れず、胸に秘めていられるか。

成幸者と普通の人ではこういう気持ちの面でも差があるようです。

自分のルーツを彼らははっきりと覚えていて、自分を支えてくれた人との絆《きずな》を何よりも大切にし、育ててくれた地域社会に恩返しを積極的に行ないます。その高い意識は、日常の会話にも表れていて、家族や友人を含め、周囲の人たちへの感謝の気持ちを頻繁に表現します。

「受けたご恩を忘れてはいけない」

彼らがよく口にするこの言葉から、その気持ちが伝わってきます。

成幸者になった人が、ますます成功に向けて精進する尽きない原動力も、この辺にあると言ってよいでしょう。

Key Word

「バックミラーばかり見て車を運転すれば事故になるでしょう」

あなたは過去に生きてはいませんか？

いつも過去を振り返っては、後悔ばかりしながら生きていて、そのために意識は常に過去に囚われている。

ちょっと大げさな表現ではありますが、案外こういう人は多いでしょう。

「あのとき、こうしていたら今頃きっと成功していたのになぁ」とか、「もし、あれがうまくいっていたら今頃、左うちわの生活をしていたのになぁ」と、ことあるごとに過去の出来事を引っ張り出しては、いつまでも後悔し続けている人。

こういう人は、過去を貴重な経験として学ぼうとはせず、いつも被害者意識だけに捕われて生きています。

そう、毎日悲観に暮れて生きているということです。

親しい成幸者に、私の古い友人のことを相談したことがありました。その友人は、いつも過去にこだわってばかりで、ちっとも先のことを考えないネガティブ思考の人間です。すると、笑いながらこう言われました。

「バックミラーばかり見て車を運転すれば事故になるでしょう」

成幸者は現在を生きることを信条とし、明るい未来を夢見ています。時折、昔を懐かしむとき以外は必要以上に過去を振り返ったりしません。

彼らは刻々と時が過ぎ去っていくことを絶えず感じ、同時に自分に残された時間が減っていることも肝に銘じています。その自覚さえあれば、過去を振り返って後悔する暇などないと気付けるでしょう。

この成幸者からは、このような言葉もいただきました。

「過去について重要なことは、それがその人の現在や未来にどのような影響を与えるかということだけ。過去はそれ以外のいかなる力も持っていないんだ」

過去を解き放ち、現在と未来にフォーカスして生きることこそ大事なのだと、あらためて感じました。

成幸者の言葉に学ぶ

第7章 ビジネスがうまくいく習慣

Key Word

「私に成功についてレクチャーしてほしい」

ロスチャイルドとの初めての会食の場でのこと。

参加者全員が順番に自己紹介を行ないました。

その際、私は本業のビジネスではIT分野を中心に、また数社の会社経営をしていることを述べた後に、ライフワークで「成幸者研究家」としての顔を持ち、成幸している人たちを研究していることを話しました。

成幸者の他人には見せないような習慣や普通の人には考えられないような特徴を分析して、これから成幸を目指す人たちが真似できることをまとめて、セミナーなどを通して広く伝えようとしていると。

このような内容で私は自分の紹介を終え、座ろうとしたときでした。私の話にずっと耳を傾けていた氏が、突然身を乗り出すようにして真剣な表情で言いました。

「是非、私にもその成功の秘訣をレクチャーしてほしい！」と。

それを聞いた私は「あなたはすでに偉大なる成功者（成幸者）なのですから私のレクチャーなど必要ないでしょう」という言葉が、喉元まで出てきましたが、ぐっと飲み込んで、「Anytime, if you want!（いつでも、お望みでしたら！）」と、何とか微笑み返しました。

このとき、成幸者の共通点であると私が考える特徴を、氏も同じように持っていると実感しました。それは、どれだけ成幸を成し遂げた人でも、**自分が成長することに常に貪欲で学ぶ意識を片時も忘れてはいない**ということです。

成功はしていても、成幸までいかない人というのは、ビジネスでもプライベートでも、ある程度のレベルに達すると、そこで満足してしまう傾向があります。

今の自分はそれなりに幸せな状態なのだから、できればこの幸せを手離したくないと思い、つい守りの態勢に入ってしまいます。それが、成功から成幸へのステップにたどり着けない原因になっているのです。

なぜなら、普通の人の〝勝利〟とは、他人に勝つことを意味しますが、**成幸者にとっては、昨日の自分を超えることが〝勝利〟だからです**。成幸できない成功者のように、明日も今日の自分のままで良いと考えていては、成幸者からすると、負け続けの日々と同じなのです。

成幸者は、他人と勝負する気など毛頭ありません。そもそも他人より優れていたいと願う欲求もなく、常に自分を磨き、さらに高めることだけに意識を向けています。

自分の中の最も良い部分を見つけては引き出し、ブラッシュアップしていくことで、いつも昨日の自分を越えようと努力しているのです。

彼らは本を読むことや情報収集、そして講習会や説明会に足を運ぶなどの自己投資や努力をまったく惜しまず、成幸してもなお、やめようとしません。

それは、**「守りに入れば必ず衰退する」**と、歴史上の偉大な人物たちから学び、よく知っているからです。

概ね《おおむ》文明が衰退する引き金となるのは、栄華を極めた状況に満足した支配者たちが守りに入ることにあります。いわば、成長の放棄でしょう。高みを目指すことをやめたら、後に訪れるのは下降のみです。

この法則は、あらゆる事象にも当てはまり、あらゆる時代・国・宗教に共通の、不変の法則です。

Key Word

「人間、好きなことでしか成功できない」

ビジネスの相談を成幸者にすると、決まって最初に問われます。

それは**「そのビジネスが好きなのかどうか」**ということ。

儲かるからとか、将来性があるからという理由だけでは、決してビジネスを始めてはいけないと、彼らは口をそろえて言います。

むしろ、ビジネスにおける儲けや将来性などは後から付いてくるものに過ぎず、ビジネスをスタートさせるかどうかの判断材料にはならないというわけです。

彼らがそう言うのは、**自分が好きになれるビジネスでなければ継続的な成功を収めることができない**と経験上、十分にわかっているからです。

好きかどうかだけがポイント。そこだけを抜き取って考えると、一見わがままにも思えますが、人間、好きなことでしか成功できない理由はちゃんとあります。それは次の通りです。

誰でも、好きなことならいくらでも知恵が生まれるし、知恵を絞る努力も喜んでする。そして、覚えも早い。また、途中で嫌なことに遭遇しても、ゴールで好きなことが待っていると思うと、決してめげずに、やり遂げられる可能性が高い。そうなると、成功できる確率は格段にアップする。至極明快な理論です。

ビジネスで、成功への道のりが平坦でラクな道など、どこにもありません。ときにはクライアントの不手際のせいで、自分の予定をすべてキャンセルして週末出勤を余儀なくされることもあるでしょう。これでは、気持ち良く仕事に取り組めるはずがありません。

でも、それが好きな仕事だったらどうでしょうか？ もし、同じ状況が訪れたとしても「〇〇の馬鹿ヤロー」と内心で怒りながらも、「好きなことだし……」と目標を思えば頑張れるのではないでしょうか。

プロスポーツの選手を見てください。

テニスの錦織選手、野球のイチロー選手、サッカーで活躍する香川選手、世界のトッププレーヤーとして君臨するためには並大抵の精神や努力では不可能です。

また、彼らがそれぞれのスポーツに対して、人一倍の情熱を持っていなければ、あれほどの活躍はできないのは言うまでもありません。

プロとなってからは仕事としてプレーしていますが、その昔、少年だった頃には、ただ好きだから、ただ上手になりたいからという理由で、お金や名声などを問わずに生活のすべてを捧げて練習に励んだことは容易に想像できます。

当然、何かを犠牲にしたなどとは思いません。なぜなら、好きでやっている、やれているのですから。

日本漫画界のパイオニア、故・手塚治虫先生も同じです。

彼は、戦後の日本においてストーリー漫画の手法を初めて確立し、新しい描写の表現方法といった、日本が世界に誇れる漫画文化の基礎を作った人物です。

そんな彼も小さい頃から漫画を描くことが何より大好きでした。強い興味があった昆虫など、実際に捕まえては描きとめ、驚くほど精巧な図鑑を1人で作り上げてしまったこともあります。

ほかにも少年期には科学、天文学など、当時興味があったことを題材にした数々の漫画を残しています。そして、医学にも興味を持ったことで医師免許を取得。その後手掛けた、専門家にしか描けない医学をテーマとした独特なストーリー漫画は、近年にもたびたび取り上げられる名作中の名作です。

彼の自伝などを読むと、本当に漫画が好きだったことがひしひしと伝わってきます。

享年60、最期は病院で息を引き取りましたが、死ぬ間際まで漫画を描いていたと言われています。死を目の前にしてまでやりたいと思う仕事。そんな仕事に就けている人は、どれだけいるでしょうか？

私も成幸者から、**「そのビジネスが好きなのかどうか」**という助言をいただいて以来、ＩＴ業界で独立して多くのウェブサイト構築の事業を行なっていますが、そのクライアントは「お酒の一流ブランド」「テニス・ゴルフのスポーツブランド」「自動車メーカー」などです。私が大好きな「お酒」と「テニス」「ゴルフ」「車」といったお仕事しか承っていません。

また、通常の会社では、事業に合わせて社員を募りますが、わが社はそのまったく逆を行なっています。

まず、会社の方向性・ヴィジョン・ミッションに共感できる人材を受け入れます。そして、その新入社員が興味を持っている仕事を獲りにいくようにしています。以前、ある上場企業の人事部長にこの話をしたところ、その奇抜さに驚かれました。

一見、公私混同のわがままな仕事のやり方だと思われるかもしれませんが、やはり興味ある好きな分野の仕事には良い知恵が生まれますし、深夜の作業となっても疲れの程度は緩和されます。比較的ストレスも溜まりにくいでしょう。

そして1番の長所は、**仕事のアウトプットの質の高さ**にあります。興味ある得意分野の仕事ですから、それは必然的な結果であり、クライアントにも大いに喜んでいただけます。

まさに一石二鳥の素晴らしい考え方だと自負しています。

Key Word

「人が見逃すような、ささいな情報は宝の山」

思い通りに追い風を呼ぶ。そんなことができると思いますか？

成幸者はそれができるのです。と言うのは、彼らが新ビジネスを始めると決まって、ビジネスに追い風となるような社会的流行が発生するからです。

成功できない人たちはこれを、単に「運がいいだけ」と片付けてしまいそうですが、実はそうではありません。

彼らは常日頃から小さな情報にも注意して、当人にとって必要かどうかを見定め、有益な情報だと判断すればすぐに取り入れます。普通の人なら見過ごしてしまうようなささいな情報も決して見逃しません。

そうやってあらゆる情報をキャッチしている成幸者から見れば、ビジネスチャンスにしろ、投資のチャンスにしろ、世の中に溢れる情報さえ探っていれば、無数のビッグチャンスが転がっていると言います。

まるで河原にゴロゴロと転がる石の中に、ダイヤモンドの原石が散らばっているように見えるのでしょう。

その中にはごく微小ながらキラリと美しく光るダイヤもあれば、大きな原石であっても輝きを放たないため、誰も気付かないダイヤもあるでしょう。

普通の人は、一般社会の流れの枠の中で、〝常識〟とされる情報にばかり目を奪われ、輝くダイヤの原石であるにもかかわらず〝非常識〟と呼ばれる情報には目も向けないので、見極めることすらできません。

おまけに、いざ見極めようとして非常識な情報を探りにかかっても、大きな石ばかりに気を取られ、光を秘めた肝心の小さな原石には気付けないのです。

逆に見れば、成幸者は普通の人が見逃すような情報ばかりに、意識を集中しているとも取れます。そして、それら1つひとつの情報から得られるビジネスに重要な世の中のトレンドを見極めていくのでしょう。

この世の中には物理的にも、科学的にも、また医学的にも証明されていないことは、実に99%にも及ぶと言われています。

それは、飛行機が飛ぶ理論に関してもそうです。

一般的にはベルヌーイの定理で説明されてはいますが、物理学によると、その定理は水についてのみ成り立つ法則で、それを飛行に関する空気と置き換えて説明するのは非科学的なことで、ナンセンスとされています。

という風に、飛行機がなぜ飛ぶのかですら、未だに解明されていないのが現実です。

これら99％の解明されていない、世間で言う〝非常識〟的なことを全人類の3％の成幸者たちが分け合って幸せに暮らしている。そして1％の〝常識〟を残りの97％の一般人たちが奪い合っているというのが世の中の構図なのです。

何と不公平な構図でしょうか……。

Key Word

「コインの裏側が見られなければチャンスはないよ」

成功できない人はチャンスが訪れるのをひたすら待っています。

高額の賞金が当たることを夢見て宝くじを大量に買い込んだり、競馬・競輪・パチンコといったギャンブルに血眼《ちまなこ》になって賭けたり、ひどいケースになると親の遺産をあてにして生きているような人もいます。

このようなチャンスを待ち続ける人たちのおかげで、週末の競馬・競輪場はいつでも大賑わい、当たると評判の宝くじ売り場には長い行列ができます。

もちろん純粋に馬の走る姿が好きとか、娯楽の枠を出ない程度に楽しむのならいいのですが、こういう場所に群がる人は、概して運と環境に恵まれるのを受け身の姿勢で待っている人が多いのです。そんな受け身の姿勢を取らせるメンタリティの根源にあるのは、**自発的な行動を取ったときに起こり得る失敗への恐怖心**です。

もし、この失敗への恐怖心を克服できれば、自分の人生の展開を自らコントロールできるようになり、チャンスを手にするべく歩き出せる可能性も生まれるのです。具体的に、人生のコントロールが可能になれば、モノの見方から変わってきます。

成幸者は「コインの裏側が見られなければチャンスはないよ」と口癖のように言います。

「コインの裏側」とは、物事の本質です。

彼らはモノの見方が普通の人とは違い、コインの裏側を見られるようです。対して、97％の人にはコインの表側しか見えません。

そうなると当然、表側を見ている人は表側からしかチャンスを見つけなければならず、それだけに競争率も非常に激しく、つかみ取るのは至難の業《わざ》になります。

逆に、裏側を見ているのはわずか3％。言うまでもなく面積は表と同じ。競争率がぐんと下がるのは明らかで、チャンスをつかむ確率も格段に上がります。結果、チャンスの奪い合いも起きず、気持ちに余裕さえ出てくるのは当然でしょう。

この裕福の証《あかし》とも言える余裕を得たことで、人にものを譲り与えたり、仲間を助けたりできるようにもなります。そうすれば、成幸の歯車は面白いように噛み合い、ますます成幸していくことになります。

コインの裏側を見る方法やモノの見方を変える方法を知るには、先ほども述べた通り、恐怖心を手放して、受身ではなく積極的な自発的人間になる必要があります。それには、過去に形成されたメンタルブロックを壊さなければなりません。

メンタルブロックは2～3歳から形成され始め、10歳にはほぼ完成してしまうようです。そして、そのメンタルブロックの要素となり得るのが、人が成人するまでに耳から入る約14万8000回にものぼる否定語であると考えられています。

その一例を挙げると、

「こんな簡単な英語もできないのに、留学なんてできっこないからあきらめなさい」

「漫画を描くのは上手だけど、それで飯を食っていけるかわからない。いい会社に入れるよう、しっかり勉強しろ」

「プロスポーツの世界でやっていくには、身体が小さ過ぎるから無理だ」

あなたが、両親や学校の先生、友人などから、このようなやる気を削がれてしまう否定語を受けたとします。すると、それがメンタルブロックとなり、心身に蓄積されてしまうのです。

サーカスにいる象の調教法をご存じでしょうか。

自分の出番を待つ象は、その大きな体格にもかかわらず、太い足に細いロープと杭1本だけでサーカス小屋の裏につながれています。

よく飼い馴《な》らされているなと感心しますが、これはまだ小象だった頃に、同じようにしてロープにつながれていたことが原因にあります。

まだ飼い馴らされていない小象はロープにつながれていても、自由に歩きたいがためにロープを力いっぱい引っ張りますが、小象には杭を抜く力まではなく、自由に動けないことを何度も身をもって知り、そのうちに自由に歩くことを断念します。

「この足につながれたロープは自分の力では抜けないのだ」

そう思った瞬間に、小象の中にはメンタルブロックが形成されてしまいます。

このため、象が成長して大きくなり、抜けなかった杭も軽々と抜ける力があるのに、「これは抜けない杭」と、ずっと昔の記憶に縛られたまま、疑おうともしません。

だから、細いロープやたった1本の杭で大人の象でも暴れることなく、つなぎとめておくことができるのです。

これは、人間にもまったく同じことが言えます。幼い頃のメンタルブロックが大人になっても影響を及ぼしていることはよくあります。

その厄介なメンタルブロックを外すには、心理カウンセラーや行動科学のコーチングを受けるなどがありますが、より簡単なのは、子どもの頃にやってみたかったこと、興味があったことを紙に書き、「なぜ断念したのか」「今でもそのことを思うとワクワクするのか」など自問自答して、ふさがっていた心を少しずつ解き放ち、ブロックされていたそのことに、あらためてチャレンジしてみることでしょう。これでメンタルブロックの呪縛《じゅばく》から解放されることも実際にあるのです。

また、恐怖心を取り除き、モノの見方を積極的に変える簡単な方法は、失敗したときに言い訳をすることなく「ごめんなさい」と謝る癖を付けることです。

日本人の場合、多くの人が子どもの頃から、「失敗してはいけない」という学校教育を受けてきています。試験といえば加点法ではなく、ほとんど減点法での採点です。これはすなわち失敗したら罰を与えるという発想です。

そのような環境で育つと、失敗しても認めたくないというメンタリティになり、言い訳をする、他人のせいにする、など良くない行為に自然と走ってしまいます。

これは、社会人になったら組織の歯車となって働き、組織単位で価値を作り出すという考えに基づいて生まれた発想です。組織の中の1人が失敗すると、歯車が狂い、それがもとで組織全体にまで影響を及ぼしかねないので、絶対に失敗するなといった願いが、日本の教育の根底にあるのです。

文部科学省の本音を言えば、ビル・ゲイツやスティーブ・ジョブズのような天才はわが国には必要ないし、現れてほしくないといったところでしょう（グローバルな競争社会の今、さすがの文部科学省も多少は意識を変えているかもしれませんが……）。

話を戻しましょう。

成幸者は自分に非があるときは速やかにそれを認めて、心より謝罪します。決して他人のせいにしたり、言い訳をしたりしません。このような行動を取れる勇気が恐怖心を肥大化させず、積極的な行動につなげていくのです。

言い換えれば、**自分の人生は自分で責任を取る**、その意識がしっかりと植え付けられれば、自分の人生も自由自在にコントロールできるようになり、コインの裏側を見られる日も遠くはないでしょう。

Key Word

「本当に価値のある情報は決してテレビやインターネットで公開されることはない」

ビジネスの成幸者、投資の成幸者、不動産運用や印税、特許、ＭＬＭ（マルチレベルマーケティング）などの権利収入などの成幸者など、成幸者の手がけるビジネスにもさまざまありますが、それぞれの分野で公の場には出ないような上質な情報が流れてくることがあります。ときには、身の危険を感じるほどの裏情報が出てくることすらあります。

そのぐらい、普通の人が知り得ない秘匿《ひとく》性の高い情報が成幸者の間では流れていると知ったときは、驚きました。

このような上質な情報は決してテレビやインターネットの情報サイトで公開されることはありません。

もし、それらしい情報に見えたとしても、成幸者にすればとっくに知り尽くした賞味期限切れの情報に過ぎず、半年や1年遅れた情報であったりします。

普通の人がインターネットで手軽に裏情報を知ることができる場といえば「2ちゃんねる」が有名でしょう。

たまに2ちゃんねるから得たと思われる情報を自慢げに話す人を見かけますが、残念ながら2ちゃんねるは匿名投稿というルールを利用したクレーマーたちのストレス発散の場になっていることは否定できません。

最近では〝どのような情報を知るのか〟という価値観から〝**誰から情報を得るのか**〟といった価値観に時代は変わりつつあります。情報の発信源によって、質が左右されるからでしょう。

SNS（ソーシャル・ネットワーキング・サービス）に代表されるフェイスブックが急速に広まったのは、そんな価値観の変化が背景にあったからではないでしょうか。

Key Word

「今思うと、成功の直前に必ず大きな試練があった」

普通の人が成幸者のことを「運がいい」とか「強運」などと表現することがありますが、これはまったく本質を見ていない証拠でしょう。なぜなら、**成功する**

ためにほとんどの成幸者が途方もない代償を払っているからです。

成功にはきっと近道があるはず……そんな勝手な妄想をして、必死にそれを見つけようとするのが成功できない人たちです。

彼らは、成功に必要な努力を避けることしか頭になく、そこに膨大な時間を費やしています。しかし、そのような近道があるという話は聞いたこともありませんし、見つかったという報告もありません。

成功という2文字には華麗なイメージが漂いますが、実際にそれを手にするには、血と汗と涙を流して苦しみを乗り越え、試練を耐え抜く必要があるのです。

マイクロソフト社の創業者ビル・ゲイツが成功者であることは言うまでもありません。彼は1975年、ポピュラー・エレクトロニクス誌に載っていたアルテア8800のデモンストレーション機の記事を読み、すぐにアルテア8800を販売していたハードメーカーMITSに電話をかけたそうです。そして、本当は何も開発していないBASICインタプリタについて「私は開発に成功したから、購入してくれないか？」とカマをかけたところ、すぐに返事があったといいます。

それで、同社がＢＡＳＩＣの販売に関心があると確信したゲイツは、それから慌てて開発に取りかかった結果、わずか８週間で完成させたのです。

これがマイクロソフト社のその後の快進撃の原点だったわけですが、ここだけかいつまんで聞けば、大して努力もせずにつかんだ栄光と思われるかもしれません。

しかし、その８週間という期間は、新しい物を作り出すという作業からも高次元な時間であったことは間違いなく、それを不眠不休で集中力を切らさずに成し遂げた努力は、普通の人が行なう日常の努力と比べたとき、どれほどの差があるでしょうか。

成功哲学に「代償の法則」というものがあります。何かを達成するためには、必ずその代償を払う必要があるというものです。

一般的に代償には先払いと後払いが存在しますが、**成幸者は必ず先払いを選択します。**

それは一般的に「出入り口」や「Give and Take」という言葉を、「入り出口」や「Take and Give」と言わないのと同じです。最初に代償を差し出す人にしか、チャンスがないという概念が現れています。

ビジネスで言えば初期投資という考え方で、最初から儲《もう》けるのではなく、投資した時間やコストを後から回収する方法と同じです。

人脈作りであれば、最初にこちらから協力したり、その人に有益な情報を与えたりすることで、その輪を広げるようにする。

恋人作りも同じです。積極的に出会いの場に参加しなければ、自己アピールさえできません。友人の結婚式や食事会、また、ビジネスやサークルの交流会など、場所はどこでも構わず、出向くことが重要なのです。

この世の中、どんな場面であろうと最初に手を差し出す人にしかチャンスは巡ってこない仕組みになっているようです。

Key Word

「〝急がば回れ〟という諺《ことわざ》は本当」

ビジネスで成功した成幸者、また投資で成功した成幸者からよく耳にする諺が、「急がば回れ」です。

これは、自身の経験則によるものでしょうが、何か新しいチャンスにトライしたとき、必ず回り道をしたビジネスしか成功していないというのです。

〝生みの苦しみ〟とでも言い表したらいいでしょうか。

最初の試練がやってきたとき、思った以上にうまくいかず、イライラして結論を急いだせいで行動を必要以上に早めると、決まって結果は良くなりません。

逆に、試練がやってきても、急がずに落ち着いて「我慢比べ」だと割り切って向き合って結論を急がなかったときは、結果的に見ればうまくいっている、というのです。

実際、新しいことにチャレンジした人を見ると、**最初の試練を乗り越えられた人のうち、実に70％の人は最終的に成功までたどり着いているという**統計データがあります。

逆に最初の試練から目を背けてしまった場合は、いつまでも安易な道で成功しようという気持ちがあり、結果的に成功も遂げられていないでしょう。

成功を夢見て、自己啓発本を読み漁《あさ》り、いくつも成功セミナーに参加して、それぞれの成功方法を少しずつ試してはみるけれど、結果が出ないとすぐに嘆く人もいます。

しかしこれでは、宝くじを買って当たりを期待するようなものです。

宝くじはすぐに当選発表があり、ハッキリ白黒つきますが、目標を達成（成功）するということは、おいそれとすぐに叶うものでもありませんし、そんなに簡単なものであれば、そこに価値などなく誰も苦労して目指したりはしないでしょう。

〝ローマは1日にしてならず〟という言葉通りです。

どれほど困難でも、どれだけ回り道をしてでも、たどり着きたいと思えるゴールをしっかりと設定して、必ず叶うと信じ、日々ステップ・バイ・ステップで行動していく。そして「急がば回れ」の精神で日々精進していけば、その道中であきらめない限りいつか必ず夢は叶います。

Key Word

「どちらにしようか迷ったら直感を信じて判断」

成功している経営者は判断が早いとよく言われます。

それ故、頭の回転が速く、直感力が鋭いと解釈されます。確かに、成幸者を見ると、直感でビジネスや投資の判断をしている人が多いのは事実です。

では、皆が皆、直感を信じて判断しましょう、という考えは本当に正しいのでしょうか。

いいえ、これは**間違っている**と断言できます。**直感で判断できるのは、膨大なバックグラウンドがあるからこそ成し得ることなのです。**経験もない人が直感にたよって大切なことを一瞬で判断してしまうのは、知識も何もいらないギャンブルなどの賭けと同等な低レベルの行為にほかなりません。

成幸者が言うところの「直感で判断する」とは、自分の潜在意識から答えを導いているということで、本当に何も考えず当てずっぽうで導き出しているわけでは決してありません。

潜在意識には過去の経験による成功や失敗、そして目標や願望が完全にインプットされています。そして潜在意識は、24時間、365日、起きているときも寝ているときも活動して、その膨大な経験の中からベストな答えを導き出しているのです。

成幸者の潜在意識の中には多くの引き出しが準備されています。その時々に合った、必要とされる答えをいつでもすばやく引き出せる術を無意識のうちに会得《えとく》して、備えています。

もし、自己啓発系のセミナーで〝成功者は皆、直感で判断しているから、あなたも自分の直感を信じて活用しなさい〟と息巻いて言う講師がいても、それを鵜《う》呑《の》みにしないことをお勧めします。そもそも前提条件からまるで違いますので、実践のリスクはあまりに大きいと言えるでしょう。

Key Word

「ダメだと思ったらやめてしまうのではなくすぐに軌道修正」

書店に並んでいる成功本には「成功する最も重要な秘訣は、成功するまで続けることだ」と書いてあることがよくあります。成功セミナーでもよく聞かれるフレーズです。

これは間違っていませんし、1番大切なことだと私自身も考えています。

しかし、これも解釈を間違うと大変重大な失敗を招きます。

それは、〝成功するまで続けること〟というだけでは、目標を1度決めたなら何があろうと軌道修正を一切せずに挑み続けなければいけないと、思ってしまう可能性が否めないからです。

成幸者は成功する過程において、必ず途中で成功を叶えるための手段に変更を加えています。一言で言い表すと、フレキシブルに対応しているのです。**決して、意固地になって、たった1つの手法に執着したりはしません。**

こんな話があります。

遠く、アフリカにはたくさんのチンパンジーが生息していますが、このチンパンジーたちの捕獲方法についてです。

森に生えた大木に、彼らの手首よりほんの少しだけ大きなサイズの穴を空けます。そして、穴の中の空洞に、彼らが好むフルーツなどの餌《えさ》を入れておきます。

これで、準備は完了。

やがて、匂いをかぎつけて近寄ってきたチンパンジーがその餌を見つけて、穴の中に手を伸ばします。そして、しっかりとつかんだ餌を取り出そうとしますが、餌を握った拳《こぶし》は穴のサイズより大きくなり、手を引き抜くことができません。

彼らはそれでも餌を手放そうとしないために、そこへやってきた人間にいとも容易《たやす》く捕獲されてしまうのです。

当然、チンパンジーは人間たちに捕獲される危険を察知しているのですが、目の前にある餌を手に入れることにこだわり過ぎて、彼らにとっては残念な結末となります。わが身の危機に直面しても揺るがない彼らの食欲の強さには、少々感服してしまいますが……。

人間にも、このチンパンジーのような人がいると思いませんか。

一生懸命に目標へ向かっているけれども、自分で最初に決めた手法になぜかこだわり続け、ちっともうまくいかない。まわりからすれば、方法を変えればいいいのに、と言いたくなります。

そして気が付いたときには、もう挽回のきかないところまで傷が広がってしまい、目標も夢のまた夢へと遠ざかってしまった……。

まあ、よくある話でしょう。

話は変わりますが、アポロ計画はご存じですか？　あのアメリカが1960年代から乗り出した、人類初の月への有人宇宙飛行計画です。

アポロ11号は、無事に宇宙空間へ飛び出したものの、実のところ月までの飛行軌道は、当初の計画と95％もズレていたそうです。

軌道から外れたその事実を知ったヒューストンの管制センターは、即座に予定を変更して、軌道修正の対策方法を導き出し、考えられるベストな方法から修正を試みた結果、最終的に月面に到着することができました。

このように、どれだけ緻密な計算のもとで決定されたプロジェクトでも、不測の事態が起きれば、柔軟に予定を変更し、対応する。

また、これができる優秀なスタッフがあったからこそ、アポロ11号は前人未踏《ぜんじんみとう》の月面着陸をも成し遂げられたのでしょう。

目標達成の途中で、予期しなかったトラブルに巻き込まれることなど当たり前です。そこでは、いかに臨機応変に対応できるか否かが重要になってくるわけですから、決して考えや方法を1つに固めず、柔軟な思考回路を持つように心がけましょう。

Key Word

「働く時間と収入は反比例するんだよね」

成幸者の多くは、収入源を権利収入から得ています。

会社を所有していたり、不動産からの家賃収入、著作権・特許料、印税や株、為替、ファンドなどの金融投資といった権利収入であったり。〝時間の切り売

収入とは言えません。

たとえ会社を所有していたとしても、次の条件をクリアしていなければ、権利収入とは言えません。

「あなたが会社を所有しており、1年以上あなたが出社しなくても会社は売り上げを伸ばし、そして成長し続けられますか？」

この質問の答えが「YES！」であるなら、あなたは権利収入を得ている成功者の1人と言ってよいでしょう。

この時点で、経済の自由と時間の自由をすでに得ているわけですから、残りの「健康」と「人脈」の自由を持ち合わせることができれば、真の〝成幸者〟の仲間入りとなります。

成幸者は、働く時間と収入は反比例すると言います。

この言葉の真意は2つ。

1つは、**労働収入ほど非効率な収入源はない**と考えているからです。だからたとえ労働収入があったとしてもその比率を低く抑え、残った時間でさらなる権利収入を得るために知恵を絞ります。

そしてもう1つは、単価の安い仕事ほど長い時間を拘束される傾向があることや、時間のかかる効率の悪い仕事ほど利益を圧迫し、結果的に収入が減ってしまうということです。

成幸者は人生で最も大切と考えている**「時間」を収入に変えることは考えず、**収入は、自分が作ったシステム（会社・事業）かアイデアが稼ぎ出すか、自分のお金、または他人のお金をもとに増やすことを考えています。

このような発言をすると、「お金は汗をかいて働いてこそ得られるものだ。またこの労働こそが社会貢献にもつながる」と考える一般の方々の反発を招きそうですが、成幸者は社会に還元する金額や社会的な慈善事業およびボランティア活動には一般人より多くの時間とお金を注ぎ込んでいます。

決して私腹を肥やすために稼いでいるのではありません。

成幸者の言葉に学ぶ

第8章 幸せを引き寄せる人の習慣

Key Word

「何かを成し遂げる決断をした後に試練がこなければ、あきらめなさい」

自分の過去を振り返ったとき、成功するきっかけとなったターニングポイントがいくつかあったというのは、誰にでも経験があることだと思います。

「あのとき、あの人に出会わなければ今の自分はなかっただろう」

「あのとき、大怪我をして病院に入院した経験がなければ、きっとこんな決断はできなかっただろう」

成幸者たちも、記憶に強く残る決断時のターニングポイントの前には、必ず試練が訪れたと語ります。それも耳をふさぎたくなるような苦しい試練ばかり。

まるで神様に「お前は本気でそうなりたいと思っているのか？」と試されているかのごとくです。それも、**決断した内容が重大であるほど、試練もそれに比例**

するように彼らを苦しめたと言います。

2000年頃、世の中はＩＴバブルでした。ＩＴ業界ではインターネットを使った斬新なアイデアで、資本の大小を問わず財を成した人たちが数多くいました。

彼らは、一様にまだ若く、ＩＰＯにより、一夜にして億万長者になりました。当時ＩＴ業界では誰もが夢を追い、ひたすらＩＰＯを目指して、昼夜を問わず働いたものです。

私の仲間に、ＩＴ企業に勤めながら、貧乏生活を強いられ、昼食もおごらないといけないほどの人がいましたが、1年後には数十億円という資産家になっていたこともありました。これも当時は、それほど珍しいことではありませんでした。

そんなふうにラクに資産家になったように見える彼らにも、いくつもの試練があったと言います。

仕事上の試練をはじめ、プライベートで絶望的な不幸があったり、自分の命が脅かされるような大病を患ったり、ＩＰＯを実現して事業が軌道に乗って次のステップに踏み出そうとした矢先にだまされたり、刑務所に入る羽目になってしまった人もいました。

私が若いときに成幸者から、「願望の大きさと、それを実現するときに降りかかる苦難の大きさは比例する」と教えられたことがありました。苦難なくして成功も成幸もあり得ないという核心をついた言葉で、まさにその通りであると素直に頷《うなず》けます。

それ以来、このことを肝に銘じながら願望や目標を設定するようにいつも心がけていますが、時々、苦難なくして夢が叶ってしまうことがあります。

ですが、必ずと言っていいほどそういう夢は長続きせず、早い時期になくなってしまいます。

以前、いわゆるＩＴ長者となった社長に伺いました。

「何かを成し遂げる決断をした後に試練がこなければ、あきらめなさい」

試練がないのなら好都合だし、試練がきたときこそ、あきらめるべきじゃないか、なんて思う方はもうここにはいないでしょう。

もし、そう思ってしまった人がいれば、本書を何度も読み返すことをお勧めします。

夢や目標を設定して動き始めたのに、苦難や試練が自分の前にまったく訪れない場合は、成功の神様にまだ早過ぎると相手にもされていない証拠だと思われます。

言い換えれば、「本気でやるんだ」というコミットメント（決断）に切実さや緊迫感が足りず、必要条件が満たされていないということです。

こういうときは、もう1度自分を見つめ直してみたほうがいいかもしれません。

逆に、苦難や試練に道を閉ざされたときは、神様から成功へのパスポートを渡されたということですから、どれだけ大変であっても喜んで受け入れるべきでしょう。先ほども触れましたが、一般的な人は、苦難や試練が訪れると、「これは神様からの《してはいけない》というお告げである」ととらえて、自ら進んであきらめてしまいます。

そして、何度となく訪れるチャンスを見送り続けて、気がついたら人生は既に折り返し地点も大きく過ぎ、終盤さえ見えてきている。

残りわずかとなった自分の人生を悲観して「自分には運がなかったし、これといってチャンスもこなかった」と嘆いている人など、夜のビジネス街の居酒屋へ行けば、いくらでもいそうです。

苦難や試練の存在意義を履き違えて解釈している限り、いつまでたっても成功することはありません。

苦難を前にしたとき、成功できない人は悲しみ、あきらめる。成功する人は、苦しみの表情を浮かべながらも心中では喜び、そして受け入れます。

このように考え方1つで、同じ岐路に立たされたとしても、それぞれが向かう道はまったく違ってくるのです。

Key Word

「1つ願いが叶ったら、必ず大切なものを差し出しなさい」

このアドバイスをいただいたのは、ちょうど私がフェラーリを購入した後のことでした。

正確に言えば、フェラーリを正式注文した後のことです。アドバイスをくれたのは、既に何台ものフェラーリを所有している大成幸者ですから、いただいた言葉を疑う余地はないぞと思い、当時の私は何を手放そうかと真剣に考えました。

その結果、私が決断したのが「タバコをやめること」。

人それぞれ価値観は異なります。自分にとってはかけがえのない物でも、他人にしてみれば迷惑極まりなく無駄な物であったりもします。タバコもその代表格の1つですが、私にとっては手放したくない、かけがえのない物だったので、手放すときには思わず胸が苦しくなりました……。

さて、話を戻します。

フェラーリを購入するわずか1年前の私は、正真正銘の無一文であり、さらには借金生活でもありました。そんな私が、なぜわずか1年もたたないうちにフェラーリを手にすることができたのか、そのエピソードを簡単に紹介いたします。

IT業界の会社に勤めて3年目の頃、私はある夢と願望を持ち、自分の人生のゴールを明確に設定しました。

そうやって、人生のゴールとなる目標をコミットメントしたとたん、神様から試練をいただきました。

それは、私が務めていた事業をR社へ売却するというものでした。

事業部長としての私の選択は、売却事業と一緒にR社へ移るか、それとも会社に残るかの2つに1つでした。

当初は事業売却先へ移ることを決意して事を進めていましたが、神様がそれを阻止《そし》するかのような出来事が次々と起こり、結局私は売却先の会社に移ることも、残ることもできないまま会社を去り、そして失業者になりました。

当時、借金はありましたが貯金はなく、転職先のあてもない状況でしたが、これは逆にチャンスだと前向きにとらえて、親に頼んで会社設立に必要な資本金300万円を借りました。

銀行の法人口座開設手続がすみ次第返すという約束付きですが、とにかく独立を果たすこととなりました。

その際に私が作った人生の年表の中に、1年後にはフェラーリを購入するという年次目標がありましたので、そのコミットメントを社名に託《たく》して、会社名は有限会社フェラリスタとしました。フェラリスタとは、イタリア語でフェラーリのオーナーを意味します。

その後、事業は順調に伸び、半年で新車のフェラーリを買えるほどの資金を有していましたが、ここでまた1つの壁にぶつかりました。

フェラーリを扱う輸入ディーラーへ注文しに行くと、私が目標に掲げていたモデルが1カ月前に、ニューモデルへの移行のため販売終了となったことを知らされました。

「これでは予定通りに夢を叶えられないではないか……」とさすがに落胆したのを覚えています。

それから年の瀬も迫ったある日のこと、あるディーラーから突然電話をいただきました。

「ドイツのフェラーリ正規ディーラーで新車1台キャンセルが出ました。引きますか（買いますか）？」

国内にある輸入車ディーラー数社に声をかけておいたのが功を奏したようです。

こうして念願のフェラーリを無事に手に入れることができましたが、納車された日は今でも忘れません。12月28日。年内の目標達成が辛うじてできた瞬間でもありました。

Key Word

「引き寄せは願望をコミットした瞬間に動き出すんだよ」

「引き寄せの法則」に関する本は書店にたくさん並んでいます。

願望することをできるだけ鮮明にイメージすること。そしてヴィジョンボード（宝地図）、イメージムービーやアファーメーションといったツールを使って、日々潜在意識に念入りに刷り込むといったノウハウが書かれています。

このようなことを同じように実践したとしても、願いが叶う時期は人によって変わります。1年とか3年という年単位の時間がかかる人がいる一方で、たった2、3日で叶えてしまう人もいます。

成幸者はこの引き寄せの法則を利用して、自分の夢や目標を達成しています。

私がお会いした成幸者の中でも、引き寄せの達人と言える方がいます。

その彼は今も楽園ハワイのリゾート地で悠々自適《ゆうゆうじてき》な生活を送っていますが、引き寄せについて話を伺うと次のような言葉をいただきました。

「引き寄せは、願望をコミットした瞬間に動き出すんだよ」

私はそれまで、引き寄せの力は、行動し始めた瞬間から動き始めるものだと思っていました。たとえ引き寄せの法則を使って願望を唱えたとしても、行動しなければ人は何も変わらないと思っていたのです。

しかしそうではなく、行動を移す前に、すなわちコミット（公約）したときには、既に潜在意識の中ですべては動き始めていると言うのです。

確かに、自分の過去を思い出してみると、彼が言うようなケースがたくさんあったことに気付きます。

私がフェラーリを購入したとき、代わりに何かを手放さなければならないという話で、私はタバコを手放したと前述しました。後から思えば、このときほどそれがよく現れていたのだと思えてなりません。

「よし、タバコをやめよう」

そう強く決断した私ですが、そう言いながらも、いつからやめようか、そしてどのようにしてやめたらいいのかまったく見当がついていませんでした。つまり、きっかけが見つからなかったため、スパッとタバコをやめることができずに、ズルズルと時間が過ぎていきました。

そんなとき、銀座の行きつけのバーが妙に気になり、ある日ふらっとそのお店へ足を向けました。

お店に入ると、いつも通りにマスターが気持ちのいい笑顔を浮かべて迎えてくれます。

私がお決まりのカウンター席に腰掛け、マスターとカウンター越しに冗談や真面目な話を交わして楽しい時間を過ごしていると、常連らしき紳士がやってきました。彼は私の隣に座りましたが、特に挨拶することもありませんでした。

しばしカウンターに沈黙が流れて、ジャック・ダニエルのシングルバレルを口ックで傾けていました。

そうして何気なく、私がライターでタバコに火をつけたときのことです。隣の紳士が、唐突に声をかけてきました。

「タバコは、やめたほうがいいですよ」

初対面の人からそう言われたものですから、私はてっきりこのカウンター席が禁煙席に変わったものだと思い、慌てました。

しかし、話を伺ってみるとそれは私の勘違いでした。

その方が言うには、新聞社に勤めていたその昔、彼もまた缶ピースを1日40本ほども吸うヘビースモーカーであったといいます。そんなあるとき、彼自身が〝嫌煙権〟というコピーを作り、新聞を通じてアピールしたところ、これが思いのほか世の中に認知されたそうです。

次第にこの言葉が市民権を得てくると、タバコを吸っている自分の肩身が狭くなり、とうとうタバコをやめたとのことでした。

タバコをやめたら体調はみるみる良くなるし、食べ物も美味しく感じられるようになるし、お酒を飲み過ぎても二日酔いになることも少ない。とにかくタバコをやめたら人生が変わると、彼は自身のエピソードを交えて力説してくれました。

そして、私にタバコをやめさせた最後の殺し文句があります。

「あなたのような紳士にタバコは似合いませんよ」

こう言われた瞬間、目の前に残ったタバコの箱を手で捻《ひね》りあげていました。その日以来タバコを吸うことはありません。

本当に不思議な出会いでしたが、これをきっかけにこの方とは今でも親しくさせていただいています。

引き寄せの法則。それは、**願望をコミットして行動した瞬間に動き始めるのではなく、コミットした瞬間に動き始め、そして行動を引き寄せる**（促される）という考え方のほうが正しいようです。

Key Word

「やりたいことを書く人は多いが、やりたくないことを書き出す人は少ない」

成幸者が自分の人生の年表を持っていることはお話しした通りです。

そして、この年表を作成するにあたり、まず人生のゴールを設定する必要があります。そのゴールとは、一言で言い表すと次のようになります。

明日自分が死んでも、悔いは残してても後悔はしないこと。

「悔いが残る」と「後悔する」は一見、同じような意味だと思われがちですが、〝悔い〟とはやらなかったことやできなかったことなどの、予測不能な未来について主に使い、〝後悔〟とは実行したことや過ぎ去ったことなどの、過去について使うのが一般的です。

このことから「明日自分が死んでも、悔いは残しても後悔はしない」というのは、**〝将来的にやってみたいことはあるが、今までやってきたことについては満足している〟**といったニュアンスになります。

ですから、たとえば、「できれば娘の結婚式に出たいと強く思うが、ボランティアで貧しい国の子どものために学校を建てるという最終目標を達成できたので、自分にはやり残したことなどない」というように、目標達成の翌日死んでも後悔しないような人生の最終目標（ゴール）を設定するのです。

この人生のゴール設定は、自分が人生をかけて本当に心から達成したいと強く願えることを挙げなければなりません。

そのためには、前述したメンタルブロックを外して、自分が無意識に感じる〝心地良いこと〟と〝ワクワクすること〟をできるだけ引き出しておくことが必要となります。

私が行なっているセミナープログラムでも、〝心地良いこと〟と〝ワクワクすること〟を参加者にピックアップさせています。

自分が人生をかけてやり遂げたいゴールを導き出させるためです。

しかし、どうもその絞り込み作業の過程で本当に目指すゴールを見つけられない人が予想以上に多く出てきてしまい、私もどうしたものかと考えました。

そんなときです。ある成幸者からこんなヒントをいただきました。

「やりたいことを書く人は多いけれど、やりたくないことを書き出す人は少ないんだよね」

聞いた瞬間、確かにその通りだと思いました。

やりたいことの中には、やりたくないことも若干含まれている可能性はありますが、やりたくないことの中にやりたいことは絶対に含まれていません。

やりたいことが、海外でのビジネス展開であったとしましょう。そして、それを達成するためには、いくつかのやりたくないことが無条件で含まれたりします。

たとえば、学生時代から苦手で性に合わないと感じる英語の勉強であったり、飛行機に乗ると耳がどうしようもなく痛くなることがあったり、食事は日本食しか体が受け付けないなどといったことです。

これだけネガティブ要素が数多くあっては、海外ビジネス展開という、本来はワクワクするはずの目標なのに、その過程で気が重くなることばかりあっては、達成されそうもありませんし、たとえ達成したとしても、幸せは得られません。

そうならないためにも、メンタルブロックを壊して、潜在意識から〝心地良いこと〟や〝ワクワクすること〟を引き出して、やりたくないこともしっかり考慮したうえで人生の目標のゴール設定をする必要があるのです。

こうやって成幸者は、常にやりたくないことの中からやりたいことのヒントを見つけているのです。

Key Word

「ささいなことと思うかもしれないが、トイレの蓋を閉めるかどうかが重要なんだ」

「トイレの蓋を閉める」

成幸者のご自宅にお邪魔するたびに感じるのが、どの家もトイレの蓋が閉まっていることです。そして、どこの家も決まってきれいに磨かれています。

なぜ成幸されている方の自宅のトイレは蓋が閉まっているのでしょうか？

その答えは、正直に言うとわかりません。

それというのも、この「トイレの蓋を閉める」という行動についていろいろと調べたり、成幸者たちに何度も尋ねたりしたのですが、今まで納得できる答えが出たことがなかったからです。

それでも、確定的ではないにしろ、答えと思《おぼ》しきものはいくつかあります。

1. 運気が逃げないように蓋を閉める

風水に関係しているのかもしれませんが、そのような教えを信じて、運気を逃がさないように蓋を閉めていることが考えられます。

2. 暖房便座が冷めないように蓋を閉める

意外と思われそうですが、お金持ちは細かい節約にも気を配りますので、このようなことも十分に考えられます。

3. トイレに溜まった水が蒸発しないように蓋を閉める

水が蒸発すると便器に水垢《あか》が溜まりやすくなったり、蒸発した水分で湿気が増して壁紙にカビが発生しやすくなったりするのを防ぐためです。

そのほか、ある成幸者からはこんな話をもらいました。

「家を大切にする人はドアを開けっ放しにはしないだろう。開けたものを使った後に閉めるのは、単純に**ものを大切に扱っている証**でもある。だから、トイレの蓋はちゃんと閉まっているし、いつもきれいに保たれている。そうやってきれいになっているということは、掃除もまめにしているということでもある。そういう風に考えれば、トイレ掃除をまめにすることが、お金持ちになるっていうことじゃないか」

ご自宅のトイレをきれいにされている方は成幸しています。

そして、このトイレの蓋の話は自宅に限ったことではなく、トイレ掃除が行き届いた会社ほど仕事が途切れないように感じます。トイレの蓋というより、トイレをきれいにすることが大切なのかもしれません。少し前に「トイレの神様」という歌が流行りましたが、本当にトイレの神様はいるのかもしれませんね。

Key Word

「三日坊主でもいいから、とにかく始めてみる」

成幸者に「成幸できる人とできない人の違いは何だとお思いですか？」と尋ね

ると、ほとんどの方が「運が良かった」とか「見えないところで頑張っているから」といった答えが返ってきます。

事実かもしれませんし、謙遜かもしれません。

しかし、どちらにしろ、この答えではこれから成幸を目指す人の参考になるとはとても思えません。そう感じて、さらに問い詰めるとこんなことを言われます。

「やると決めたら、まずやってみること。それが三日坊主で終わってもいい。1歩踏み出すことに大きな意味があるから」

成幸できない人は、できる理由を探すのではなく、常にできないことを正当化する言い訳ばかりを考えて時間を浪費します。

その点、成幸者は自身の経験から、まず行動に移してみることの重要性をわかっているのです。

寒い朝、目が覚めてから最もつらいのは、暖かい布団から起き上がる瞬間ですが、いざ起きてしまえばどうってことはありません。

プールの飛び込みで怖いと思って飛び込むのを躊躇《ちゅうちょ》してしまうのは、だいたい最初の1回だけです。踏み出しさえすればその後は大丈夫なのに、この最初の1歩がなかなか踏み出せないのです。

どうにか最初の1歩を踏み出して、その後も続けてみたが、本当にダメなら違う方法に切り替えれば良くて、三日坊主でもいいのです。肝心なのは最初の1歩を踏み出すことなのです。

もちろん、せっかく踏み出した1歩です、できれば続けたいと思うのが当然でしょう。何とか三日坊主にならないで続けるための秘訣はないのでしょうか。

ある成幸者は、最初は三日の目標設定でいいとアドバイスしてくれました。つまり、三日坊主の壁を破ることを目標にするだけでいいということなのです。

それをクリアできたら次は7日を目指す。そして最終的に21日を目指すということです。

これは、**21日間続けられたら人間は習慣化する**という考え方に基づきます。

それだけ続けることができれば、1カ月でも1年でも続けられるということです。言い換えると、〝三日坊主も10回続けば習慣になる〟ということでしょう。

そう思えば、気がラクになりませんか。ぜひ、チャレンジしてみてください。

Key Word
「〝死〟を予感したときは、〝ありがとう〟と言うのです」

以前、栗城《くりき》史多《のぶかず》氏にお会いしたことがあります。

テレビでもお見かけするのでご存じの方もいるでしょうが、簡単に紹介しますと、彼は登山家です。それも、日本を代表する若手の登山家で、ヒマラヤ山脈をはじめとする、世界最高峰を制覇してきました。

そんな活動ができる立場にあれば成幸者と言っていいと思いますが、彼自身の言葉によると、まだ好きなときに好きなものを、好きなだけ買える「経済の自由」を手にしているわけではないので、少なくとも今はまだ成幸者ではないそうです。ただ、成幸者とよく似た言動を頻繁にされているのでご紹介いたします。

登山家という職業柄、彼は命の危険と背中合わせの状況下に常に置かれていますが、それでも、さらに高く、より過酷な山頂を目指してチャレンジし続けています。

あまりに困難で、思わず死を意識するような苦しい状況にも遭遇することがあるそうですが、そんなときに彼が行なうのは、その苦しみを受け入れて、**「ありがとう」**と口に出すこと。そうすると、なぜか不思議と弱りきっていたはずの全身にふつふつと力が湧き上がってくるそうです。

おそらく、自然との対話の中で感謝の言葉を発することで底知れぬ気力がよみがえってくるのだろうと言いますが、彼はそんな経験を何度となくしているのです。

しかしながら、命を落とすかもしれない瀬戸際にあって、感謝の言葉を口にすることなどできるでしょうか？

それまでの自分の人生に訪れたすべてを受け入れて、「ありがとう」と口に出すのです。その勇気は並大抵のことではないでしょう。

そして、この「ありがとう」と「感謝」という2つの言葉は、実は魔法の言葉でもあるのです。

この2つの言葉を誰よりも頻繁に使うのが、成幸者です。魔法の言葉と知っているからでしょう。この言葉を口にすると自然といいことが起きると、皆が口をそろえて言います。

きっと成幸の女神様が最も気に入っている言葉なのでしょう。

さて、このことを知ったとたんに、「ありがとう」を連呼する人が決まって現れます。中には空に向かって、まるで呪文のように唱える人もいます。

「ありがとう」と口にする行為そのものは間違っていないとは思うのですが、1つだけ理解しておいたほうがいいことがあります。

それは、**「ありがとう」と「感謝」は、必ずしも同義語（イコール）ではない**ということです。「ありがとう」と口では言っていても、そこに感謝の気持ちが含まれているかどうかは別です。

人に何かをしてもらって口癖のように「ありがとう」と言っていても、心の中で「それが君の仕事なんだからやって当然だよ」という気持ちがあれば、この「ありがとう」という言葉は何の意味も持たないことになります。

だから、「ありがとう」という言葉を使うときは、そこに本当の感謝の気持ちがあるのかをしっかり確かめてから使うことをお勧めします。

Key Word

「失敗なくして成功した人は例外なく早死《はやじに》する」

占いを信じる成幸者も中には大勢います。過去の権力者たちを見ても、専属の占い師を抱えて、さまざまな判断を委ねていたということも文献に残っています。

アレキサンダー大王、ジュリアス・シーザー、ロナルド・レーガン元大統領、ダグラス・マッカーサー、ウィンストン・チャーチル、インディラ・ガンディー、ベンジャミン・ロスチャイルド、ジョン・ロックフェラー、織田信長、豊臣秀吉、明治天皇、佐藤栄作、岸信介《のぶすけ》、吉田茂など、その名を挙げればきりがないほどです。

占いは「統計学」や「心理学」「顕在意識と潜在意識」を駆使した人類の知恵でもあるのですが、世の中では科学的に証明されていないことを理由として、怪しい、疑わしいと切って捨てる人も少なくないでしょう。

ただ、事実としてあるのが、**多くの成幸者がさまざまな場面でこの非科学的な占いを元に、行動している**ことです。

私は占い師で成幸者と呼べる方、数人にお会いしたことがあります。

占い師と言うと、なぜか女性のイメージが強くあります。実際、街中を見てみても女性の占い師のほうが多いでしょう。しかし、私が会った占い師は男性が3人で、女性は1人でした。

占い師の話になると、よく出てくる話は、

「もし占い師が本当に未来のことがわかるのであれば、金融経済界の動向を先読みして、お金持ちに簡単になれるはずなのに、テレビで見る一部の人以外に巨万の富を築いているという占い師など聞いたことがない。だから、インチキに決まっている」

とまあ、このような内容です。皆さんのまわりにもこう言う人はいるでしょう。

しかし、実はというと、皆さんが想像しているよりも、**占い師で成幸者になれた方は大勢いる**のです。

では、なぜ知られていないのか？

それは、成幸した占い師というのは決して表舞台には出てこないからです。目立たない場所で目立たないようにひっそりと活動しています。

なぜ、彼らは表に出てこないのでしょうか？

ちょっと話がそれますが、説明しておきましょう。

占いの本質とは、「その人（占ってもらった人）の未来を変える」ということです。

この世には「宿命」と「運命」があります。たとえば、その人が生まれた時代や国、どの親の元に生まれたか……といった「宿命」は変えることはできませんが、「どんな仕事に就くか」「誰と結婚するか」という「運命」は変えることができます。

そして、運命を変えるには、本人の「思考の持ち方」と「行動」によるところが大きいのです。つまり、将来の人生を変えるには、自分自身の努力によることが大きいということですね。

成幸している真の占い師が一般の人を相手にせずに、富豪や成功者ばかりを占うのは、すでにその人たちが自分の人生を自分の力で切り開いてきた実績のある人たちだからです。

失敗を恐れず、苦労もいとわず行動し、努力し、多くの挫折を乗り越えてきた経験をしている人ばかりです。

こういう人たちは、占い師が良いアドバイスすると、それを元に必ず期待にそう人生を、自ら行動を起こしてつかみ取っていきます。一言で言うと、占いのしがいがある人たちなのです。質の高い占い師は、自身も自分の人生を自分で切り開いて成幸したので、きっと相通じる部分があるのでしょう。

ところが、一般の人は、残念ながらそうではありません。

運や外的要因ばかりを頼りにして、試練を乗り越えるためのチャレンジや努力をするという発想がありません。

せいぜい、良いことを言われたら、少しばかり自信を持つ程度でしょうか。

だから、質の高い占い師は一般の人と接点を持つ必要性がなく、表舞台にも出てこないのです。ビジネスとして占いをしているわけではないので、テレビに出て自分をPRしてお客さんを集める必要もないのです。

こうした自分自身も成幸している質の高い占い師は、ごく限られた成幸者や、またはその成幸者から紹介を受けたごく一部の人しか占いません。

それも、占ってもらうまでに、半年や1年も待たせるなんていうこともざらにあります。それだけ待たされても占ってもらいたいと思う成幸者が後を絶たないのは、その占いがよく当たるという何よりの証拠でしょう。

そうした、成幸者である占い師は、言います。

失敗なくして成功した人は例外なく早死にする、と。

もちろん、これは科学や理論で説明できることではありませんが、成幸者の占い師は断言するのです。

成功には必ず失敗が付きものであり、逆に失敗のない成功は大きな代償を後から払わなければならない定めだということでしょうか。

太く短く……。失敗なき成功の人生とは、そういうものなのでしょうか。

占いを考えるとき、占いの本質を知る必要があります。なぜ占いが存在しているのか、そしてその結果をどのように受け止めればよいのかということです。

まず、占いの本質は、「その人を元気にする」ということにあると思います。

朝のテレビ番組で星座占いを目にする機会は多いでしょう。そのとき、偶然でも自分の生まれ星座が1位にランクされていて、12星座の中で最もハッピーな1

日を過ごせると言われればつい嬉しくなりませんか。

嬉しいという感情は、心に良い影響を与えます。免疫力もアップして病気になりにくくなることにもつながります。

逆に、悪い結果が出た場合はどうでしょうか。気にはしていないつもりでも、その結果が心のどこかにあって、1日ずっと良くないほうへコントロールされることになるかもしれません。いつ、あの占い通りに悪いことが自分に起きるのか、恐怖心を抱きながらその日を過ごすことになる場合もあるのです。

こういうときは、不思議と本当に悪いことが起きてしまいます。

子どもの頃、授業中に答えがわからないときに限って先生にあてられてしまったり、テスト勉強をしていて「この問題も気になるけど、眠いからもう寝よう」とあきらめた問題に限ってテストに出てしまったり、そんな経験をした覚えはありませんか。

総じて、**悪いことは良いこと以上に引き寄せやすい**のです。

だから**多くの成幸者は、良い占い結果だけを信じる習慣を持っている**のです。

Key Word

「幸せかどうかなんて、死ぬ寸前にしかわからない」

多くの成幸者は、自分が成功しているとは思っていません。

成幸者に「今の自分を評価するとしたら何点ぐらいですか」と尋ねると、ほとんどの人が**50点以下**の点数を提示します。

それに対して、成幸者でない友人に同じ質問をすると、ほとんどの人が50点以上の点数を提示します。

これは成幸者は自分の人生を不幸だと思っているというわけではなく、成幸者は、100点満点から現在の点数を引いた残りを「今後の伸びしろ」と考えます。

30点と答えた背景には、まだ70点分だけ自分が成長できるというとらえ方があります。それに比べて成幸していない普通の人は、そのような概念を持っていません。これを見るだけでも、今後の人生に大きな差を生むことは間違いないでしょう。

成幸者は生きている限り毎日理想を目指して学び、自分自身を磨き、成長させています。

ときには大きな試練に遭遇します。しかし逃げずに前向きな姿勢で立ち向かい、心のダメージを受けることなくさらに成幸していきます。

成幸者を見ていて思いますが、彼らは平凡な人生を送っている人と比べても、波乱に満ちた人生を歩んでいるものです。

苦労の数で言えば、平凡な一般人より成幸者のほうが、間違いなく多いでしょう。しかし、成幸者は平凡な人が苦労と思うことを苦労とは思っていないところが多々あります。

逆に言えば、平凡な人は、成幸者が苦労とも取れないようなささいなことに必要以上に悩んでしまっている傾向があるということです。

また、その悩みについても、**成幸者は自分がどう生きるかで悩んでいるのに対**

し、平凡な人はよく、自分以外の人をいかに自分の思い通りにするかで悩んでいるきらいがあります。

こういう悩みに関しては、いつまでたっても消えることはないでしょう。

それでは、成幸者はいつになったら真の幸せを感じられると考えているのでしょうか？

彼らによると、「死ぬ寸前にならなければ自分の人生が本当に良い人生だったとはわからない」と考えているようです。

終末期医療、緩和医療の権威で末期がんの患者1000人の死を見届けた大津秀一《しゅういち》先生という方がいます。

ベストセラーとなった『死ぬときに後悔すること25』（致知出版社）の著者でもある彼によると、人間が死を迎えるとき、自分の人生を振り返って、最も後悔することは **〝できなかったことを悔やむのでなく、やらなかったこと、チャレンジしなかったこと〟を1番後悔**してこの世を後にしていくそうです。

成幸者はこのことを深く理解しています。だから、後悔しないよう自分の興味のあることには積極的にチャレンジして、人生を死ぬまで走り続けます。

誰のせいにすることもなく、自分の人生には自分で責任を持ち、毎日充実した日々を過ごしています。

極めて多くの人が興味を持つお金に対しても、財産とは持っているお金の額のことではなく、お金をすべて失った後に残るもの、それこそが真の財産であると考えています。

考え方やモノの見方をほんの少し変えるだけで、人生はこれほどまでに素晴らしく変わり、そして輝き始めるのです。

自分がほんの少し磨いてあげるだけで煌々《こうこう》と光り輝くダイヤの原石かどうか、あなたは自分自身を試したいとは思いませんか？

第9章 成幸者が今、密かに行なっていること

Key Word

今後の経済予測

多くの成幸者とお付き合いさせていただいていると、テレビや新聞、雑誌、インターネットに流れないさまざまな情報に触れることができます。

金融・経済に関すること、政治・社会に関すること、自然・科学や業界内の裏話まで多くの情報をいただけます。

世界経済について、多くの成幸者はこれから悪化の途《みち》をたどると見ています。

これは過去の景気変動サイクルに見る不景気な期間というようにとらえているのではなく、おそらく現在の金融・経済の仕組みが近い将来に崩壊すると見ているからだと思います。この場合、日本の国民にどのような影響が出るかは推測できませんが、世界経済が大きく変わることには違いありません。

リーマン・ショック以来、世界経済が混迷を極め、世界各国が金融緩和に踏みきるなどして、株価が下がったとか戻ったとか、トレンドが超円高になったとか円安に変わったとか、状況は猫の目のようにめまぐるしく変化しています。

欧州では、ギリシャを筆頭として地中海に面した国々が、事実上のデフォルトに陥る状況まで追い込まれています。

世界経済のリーダーであるアメリカも、景気回復の兆しが見え始めてはいますが、中国の景気後退に足を引っ張られ、世界的な混乱により日本も景気が悪化に向かうことになるかもしれません。

世界中のどの国も、何とか景気回復を果たさなければならないと必死で、たび重なる金融緩和に踏みきっていることもあり、この先必ず世界的なインフレが起きると見ています。

インフレには良いインフレと悪いインフレがありますが、ここで言うインフレは悪いインフレのほうです。場合によってスタッグフレーション（景気後退と物価上昇が共存すること）を起こす危険性もあります。

おそらく、5年以内には1つの結論が出て、新しい時代へ移りゆくと、私は見ています

Key Word
投資するニュービジネス

成幸者は、これからの時代の移り変わりに対応するために何に投資しているのでしょう？　彼らの多くは先進国ではなく発展途上国に積極的に投資しています。

アジアであれば、中国やシンガポール、マレーシアなど市場が成熟した国には関心を示さず、ベトナム、インドネシア、ミャンマー、インドあたりに投資しているとよく聞きます。

そのほか、アフリカ大陸の南アフリカを筆頭にナイジェリアなどにも投資する

話を最近聞きます。

多くの富裕層はプライベート・エクイティ（未上場企業の株式）に投資しているようで、投資先の企業名を聞くとあまり知られていないものばかりですが、その詳細を調べると、なるほどと思える素晴らしい企業ばかりです。

またファンド運用している方もいらっしゃいますが、最近は、ウォーター・ファンド（水関連企業の株式への投資）に興味を示している成幸者の話をよく聞きます。

Key Word

資産の大移動

資産運用の変化について、海外の成幸者らの変化はあまり聞かれませんが、日本人の成幸者は既に資産を国内から海外に移し始めています。

２０１０年頃からそのような話を頻繁に聞きます。

昔からよくスイスの銀行で運用する話はありましたが、最近は主にニュージーランドやオーストラリアなどの資源国の銀行へ移したり不動産を購入したりしているようです。

欧州に続いて次は日本の国債が狙われるという噂を信じている人も多く、日本政府が破綻したときに、政府はなりふり構わず国民から財産を取り上げる法律を作る危険を警戒しています。

１９４６年に日本政府は〝徳政令〟を発動し、〝国債の紙切れ化〟〝預金封鎖〟〝新円切り替え〟などで国民から財産を奪いましたが、このようなことがまた起こることを警戒している成幸者が多いのです。

先ほどの資産運用先の話で、オーストラリアやニュージーランドなどオセアニアの通貨に人気が集まっているようにとらえた方もいらっしゃると思いますが、為替に関して言えば、多くの富裕層は意外にも米ドルでの運用やドル建ての生命保険に加入し始めています。

リーマン・ショック以降、特に、現在目立って通貨価値が低くなっている米ドルでの運用は不思議に思うかもしれませんが、この先世界経済が、もうどうにもコントロールできない状態まで悪くなった場合、基軸通貨を持つアメリカは金融のルールを変えてでも自国を守ろうとするはずなので、世界の通貨が紙切れになるまでは米ドルは1番安心だと考えているようです。

そして資産運用について富裕層の人たちが最も有効だと確信しているのは「金《きん》」です。

金は人類が紀元前6世紀頃から現在まで、変わらない価値を持っている唯一の物質です。

こういう話をするとよく、「金は毎日価値（値段）が上がったり下がったりしているではないか」と疑問を持つ人がいますが、金の価値が下がっているのではなく、通貨（お金）のほうの価値が日々上がったり下がったりしているというのが正しいのです。

だから金投資はいつの時代も価値が下がることなく、最も安心できる資産運用対象なのです。

これから、時代にどのような変化が起き、そして我々が生きるためにどのような影響が出るのか想像もできませんが、何が起きても国もそして勤め先の会社もあなたやあなたの家族を守ってはくれません。

自分の身、自分の家族は、あなたが守るしかありませんので、是非成幸者たちが行なっている投資先、資産運用を参考にして、より良い未来を築いてください。

エピローグ

成功者（Success Person）と成幸者（Happiness Person）の違いを理解していただけましたでしょうか？

お金持ちや権力者になれた場合は、成功者と呼べるのかもしれません。しかし、成功することが必ずしも幸せにつながるわけではないことを、わかっていただけたと思います。

また今回、私が会った多くの成幸者について、私なりに感じ取った彼らの習慣を紹介させていただきましたが、その習慣を知っておそらくこう思ったのではないでしょうか。

「成幸者といっても特別すごいことをしているわけではない」

そして真の成幸者はテレビや新聞、雑誌などメディアに登場することのない無名の人ばかりです。マスコミが騒ぎ立てる世の中の動向に影響を受けることなく、自分たちの世界で生きています。

それは、「経済」「時間」「健康」「人脈」という４つの自由を手に入れている彼らは、世の中で起こることに一喜一憂することなく、市場経済にも振り回されることなく、人生を楽しんでいるからです。外部環境に影響を受けない上質なコミュニティーを作り、その中で生きているからです。

そんな彼らの習慣は、誰でも真似できるものばかりです。

しかし、なかなか真似できない最も大きな違いは、考え方とモノの見方、とらえ方の違いなのです。

考え方やモノの見方の違いは、やはり成幸者または成幸者を目指している仲間と接していなければ身に付くものではありません。七面鳥と付き合っている限り、鷲《わし》とともに大空を飛び回ることはできないのです。

また、成幸者になるためには決して近道はありませんが、成幸者になるための大切な習慣が存在します。成幸者が成幸する道のりで大切にしてきた習慣です。

それは、

・毎日小さなことに幸せを感じること

・毎日明るく、物事を前向きにとらえること
・見返りを求めず他人の力になり、喜んでもらえる行動を心がけること
・素直と謙虚な態度を心がけること
・他人の悪口を絶対に言わないこと
・無理、できない、疲れたなど、心のシャッターが閉まるようなネガティブな言葉を使わないこと

そして最後に、魔法の言葉を頻繁に使う習慣を持つことです。
成幸者が必ず習慣としている魔法の言葉とは、次の2つです。

「ありがとう」
「感謝」

誰でも使える言葉ですので、ぜひ習慣化してください。

私は5つの会社を持つ企業経営者でありフェラーリにも乗っているので、よく成幸者と思われがちですが、私はまだ成幸者ではありません。

「経済の自由」「時間の自由」「健康の自由」「人脈の自由」の4つをまだバランス良く持ち合わせていないからです。

まだ皆さんと同じ成幸者を目指している身なのです。

そんな私がなぜこのような本を書いたかと言うと、少しでも多くの仲間と成幸者を目指したかったからです。

私は20代のとき、イギリスに住んでいましたが、そのとき1番心に残ったことがあります。日本人が定年退職まで身を粉《こ》にして働いた後、残りの人生を毎日近所の公園で散歩をしたり、盆栽をいじったり、経済的に余裕のない人は駐車場の誘導整理員などをして働き続けたり、人生の残された時間を消化するための、言い方は悪いのですが「出がらし人生」になっています。

それに対し、イギリス人は定年後、夫婦で真っ赤なオープンカーに乗ったり、頻繁に旅行に出かけたり、外食を楽しんでいたり、充実した余生を送っていることに衝撃を受けたのです。

今、世界の多くの研究者が「２０４５年には、平均寿命が１００歳に到達しているかもしれない」と予測しています。

今後、定年が65歳になったと仮定して考えてみましょう。

これから平均寿命がどんどん延びていけば、15～20年後には90歳ぐらいになっている可能性もあり、そうなると65歳の定年後の残りの人生はまだ25年あまりあることになります。この25年という時間は、大卒者が新卒で会社に入り、定年するまでの総労働時間に匹敵するそうです。

こんなに長い時間を本当に〝出がらし人生〟にしてもいいのでしょうか。

1度しかない人生、そんな終わらせ方をして幸せな人生だったと言えるでしょうか。

私は引退後の25年をぜひ素晴らしい成幸者仲間と過ごし、そして生涯を終えたいと強く願っています。この本を読んだ読者の方々がこの本から何かを感じ、そして学んでいただき、少しでも多くの人に幸せな成幸者になっていただき、成幸者仲間としてお付き合いできる日を夢見ています。

今回のこの本は私にとって初めての著書です。慣れないこともあり多くの方に迷惑をかけたり、時に助けられたりしましたが、無事こうして皆様の元へ本書が届けられたことは、本当にまわりの皆様のおかげです。

刊行にあたってお世話になったすべての方にこの場をお借りして厚くお礼申し上げます。

そして最後に、夜遅くまで執筆する私を支えてくれた妻の智子にもこの場を借りて感謝の意を表したいと思います。

ありがとう。

トニー野中から感謝を込めて

本書は、総合法令出版より刊行された単行本を文庫化したものです。

トニー野中（とにー・のなか）

1962年生まれ、岐阜県出身。

株式会社IHIにて、ジェットエンジンの設計開発に携わった後、5カ国共同開発エンジンの国家プロジェクトメンバーとして英国ロールス・ロイス社に勤務。その後米国に渡り、ジェットエンジン開発技術を用いて、タイガーウッズなど世界のトッププロのゴルフクラブ開発に携わる中、ロスチャイルドをはじめとする、多数の大富豪やセレブリティーと懇意になる。2003年、独立。

現在、IT企業、投資会社など、計5社の経営をする傍ら、たんなる「成功」が目的ではなく、「経済・時間・健康・人脈」のすべての面で満たされた幸福をつかむことを人生の目的とする「成幸研究家」として、世界中の大富豪たちの習慣、考え方を研究し体系化している。

著書に『世界の大富豪2000人がこっそり教えてくれた3週間で人生を変える法』（三笠書房）、『世界の大富豪2000人がこっそり教えてくれたこと』『世界の大富豪2000人がこっそり教える「人に好かれる」極意』（ともに三笠書房《王様文庫》）などがある。

知的生きかた文庫

世界《せかい》の大富豪《だいふごう》2000人《にん》に学《まな》んだ
幸《しあわ》せに成功《せいこう》する方法《ほうほう》

著　者　トニー野中《のなか》
発行者　押鐘太陽
発行所　株式会社三笠書房
〒一〇二-〇〇七二　東京都千代田区飯田橋三-三-一
電話〇三-五二二六-五七三四〈営業部〉
〇三-五二二六-五七三一〈編集部〉
http://www.mikasashobo.co.jp
印刷　誠宏印刷
製本　若林製本工場

ISBN978-4-8379-8377-4 C0130

C50267